直播电商全攻略

| IP打造 + 实战操作 + 店铺运维 + 直播转化 + 后台管理 |

刘东明◎编著

人民邮电出版社
北京

图书在版编目（CIP）数据

直播电商全攻略：IP打造+实战操作+店铺运维+直播转化+后台管理 / 刘东明编著. -- 北京：人民邮电出版社，2020.11
 ISBN 978-7-115-54708-8

Ⅰ. ①直… Ⅱ. ①刘… Ⅲ. ①电子商务－网络营销 Ⅳ. ①F713.365.2

中国版本图书馆CIP数据核字(2020)第156927号

内容提要

本书作者基于多年来在直播电商领域的实战经验，紧紧围绕当前直播产业的发展趋势，全景式讲解了直播运营的操作思路、工具与方法，旨在提供一站式直播解决方案，帮助读者解决直播运营过程中的疑点、难点与痛点。

全书分为6篇，共21章。第1篇包括第1～3章，主要阐述直播电商的发展历程、带货逻辑、运营模式，以及当前主流直播电商平台的入驻流程与运营策略。第2篇包括第4～7章，分别从主播定位、IP打造、粉丝互动、MCN机构运营4个方面，阐述主播个人形象打造、"吸粉"引流等实战技巧。第3篇包括第8～11章，重点分析直播电商运营的核心环节，从用户精准画像、团队搭建、运营筹备、流程实战4个层面，帮助读者梳理直播带货的核心流程。第4篇包括第12～14章，详细剖析了直播电商的爆款运营策略，帮助读者实现店铺引流与转化。第5篇包括第15～17章，全面介绍了直播电商的粉丝运营与维护，以及电商主播的话术引导策略。第6篇包括第18～21章，分别介绍了优质货源选择、仓储管理、物流配送和客服运维，旨在帮助读者捋清思路，为直播电商的正常运转做好后方保障。

本书适合MCN机构及"网红"主播、电商卖家、内容创作者、营销推广人员、互联网创业者等相关人员阅读，也可作为新媒体相关专业学生的学习参考用书。

◆ 编　　著　刘东明
　　责任编辑　王　冉
　　责任印制　马振武

◆ 人民邮电出版社出版发行　北京市丰台区成寿寺路11号
　邮编　100164　电子邮件　315@ptpress.com.cn
　网址　https://www.ptpress.com.cn
　三河市君旺印务有限公司印刷

◆ 开本：690×970　1/16
　印张：12.5　　　　　　　　2020年11月第1版
　字数：234千字　　　　　　2025年1月河北第15次印刷

定价：59.80元（附小册子）

读者服务热线：(010)81055410　印装质量热线：(010)81055316
反盗版热线：(010)81055315
广告经营许可证：京东市监广登字20170147号

编委会成员名单

主任 刘东明

编委 乔领　宁雪君　陈梁　姚广辉　姜虎　李锐　宾颖超　七天　斓斓　陈雅娜　王斌
　　　　吴健　曹宇　孙丽丽　周海男　温玲玲

前言

2020年春节期间，直播电商迎来了新"拐点"。如果说2019年是"直播电商元年"，那么2020年就是直播电商"全面上位"之年。

在企业方面，除服装、食品、化妆品等常规行业采用直播带货外，宝马、广汽集团、东风日产等汽车企业，恒大、碧桂园等地产龙头企业也开始尝试直播带货。自2月以来，有100多种线下职业通过电商直播找到了新的发展机遇。

在平台方面，据不完全统计，淘宝、京东、唯品会、蘑菇街、拼多多、有赞、微信小程序、抖音、快手等平台都已经涉足电商直播。其中，淘宝直播新增直播间数量同比增长近1倍，开播场次同比增长110%。

如果从2016年淘宝直播上线开始计算，中国的直播电商刚刚走过4个年头。从静默无声到资本热捧，再到营销标配，直播电商已然成为一个新风口。企业、品牌如何抓住这个风口逆境求生，创业者、中小商家如何借助这个风口弯道超车，成为当下最值得思考的问题。

■ 本书特色

体系完善，内容丰富。本书从直播带货、IP打造、实战操作、店铺运维、直播转化、后台管理六大层面切入，涵盖了流量运营、主播定位、粉丝互动、MCN运营、粉丝画像、直播团队打造、直播运营筹备、直播数据复盘、直播选品、成交转化、仓储管理、客服运维等20多项内容，从零开始教你抓住直播电商新风口，玩转直播电商。

案例翔实，便于操作。本书结合内容穿插了很多案例，如淘宝头部主播的直播情况。对他们的直播带货活动进行拆解，对书中所列技巧进行补充说明，便于读者学习、借鉴。

注重实操，技巧丰富。平台入驻流程、主播定位方法、需求分析步骤、直播间布置……本书将直播运营各个环节的内容提炼成技巧、方法，直观简洁，拿来即用，实操性强。

图文并茂，阅读性强。本书采用图文结合的形式对内容进行解释说明，通俗易懂，能带给读者轻松愉悦的阅读体验。

■ 适合读者

本书不仅可以作为直播电商新人的入门手册，还可以成为直播电商行业从业者提高职业技能与引流变现能力的工具书，甚至还可以作为品牌、企业布局直播电商的实战指南，适合直播电商行业的从业者、电商主播、线上线下店铺销售人员、大中小企业的运营人员以及直播电商行业的研究者阅读。

本书导读

第1篇 直播带货。这部分主要介绍直播电商的基础知识与直播电商转化变现的底层逻辑，主要包括直播电商的四个发展阶段，直播电商的带货逻辑、核心优势及三大运营模式，介绍目前四大主流直播电商平台（淘宝、抖音、快手、小红书）的入驻流程与运营策略。

第2篇 IP打造。主播IP打造直接关乎"吸粉"引流、转化变现效果，是直播电商运营中非常重要的一环。这部分从主播定位、IP打造、粉丝互动、MCN机构运营4个方面，对如何提升粉丝黏性、引爆超级流量，如何通过体态、声音、手势、表情等塑造个人魅力，如何"吸粉"引流、拉近与粉丝的距离，MCN机构如何招募、培养主播等方面进行了详细论述，以期帮助新人主播迈出直播电商的第一步，帮助平台常驻主播进一步提升个人影响力。

第3篇 实战操作。这部分切入直播电商的核心环节，从用户精准画像、团队搭建、运营筹备、流程实战4个层面，对如何挖掘用户需求，如何有针对性地选择直播商品、筹备直播内容，如何选择主播、助理，搭建一个高效的直播运营团队，如何进行运营策划、做好场控，如何选购直播设备、规划直播场地、布置灯光、准备直播所需物料，如何做好直播策划，如何进行直播带货、数据复盘等方面进行了详细论述，旨在帮助读者梳理直播带货的核心流程。

第4篇 店铺运维。这部分从商品选品、内容策划、图片设计3个层面对爆款商品的打造进行立体化剖析，包括主播如何选品，如何陈列，如何向观众介绍商品，如何设计直播脚本，直播间标题、封面、商品详情页如何制作，店招如何设计，商品如何拍摄展示，店铺主图、促销海报如何设计，从而帮助读者解决爆款产品打造过程中遇到的各种问题。

第5篇 直播转化。引流转化、完成变现是直播电商的终极目标，这部分首先讨论"吸粉"引流、粉丝运营与维护策略，包括如何获取粉丝，如何提高粉丝黏性，粉丝群如何维护运营，如何引导粉丝分享传播；然后介绍了主播引导成交、完成销售转化的三大技巧，以帮助主播打通整个电商直播流程，完成最终的销售转化。

第6篇 后台管理。后台管理涵盖的内容非常繁杂，这部分将其归纳为四大板块，即优质货源选择、仓储管理、物流配送和客服运维进行介绍，以便帮助读者捋清思路，为直播电商的正常运转做好后方保障。

目录

第1篇 直播带货

第 1 章
流量红利：直播重构电商生态格局

从1.0到4.0：直播电商的演变路径 ………… 11
带货逻辑：直播如何重构人、货、场 ………… 15
核心优势：实现电商超级转化率 ………… 17
模式路径：直播电商的3种模式 ………… 20

第 2 章
流量运营：直播电商平台运营实战

淘宝直播：申请流程与注意事项 ………… 25
抖音直播：入驻流程与操作技巧 ………… 27
快手直播：运营策略与操作技巧 ………… 31
小红书直播：商家带货实战技巧 ………… 34

第 3 章
带货逻辑：从公域到私域运营

流量积累：从公域到私域的转化 ………… 38
平台赋能：实现私域的破圈增长 ………… 38
公域+私域：提升整体营销价值 ………… 39
直播红利：超级主播的引流策略 ………… 41

第2篇 IP打造

第 4 章
主播定位：提升粉丝黏性与转化率

主播定位：引爆超级流量的秘诀 ………… 43
明确优势：超级主播定位三步法 ………… 44
自我包装：打造有吸引力的标签 ………… 46
积累经验：主播能力速成的方法 ………… 49

第 5 章
IP打造：主播人格魅力的训练方法

体态：决定粉丝对你的第一印象 ………… 52
表情：向粉丝传递有温度的情感 ………… 53
声音：一开口就赢得粉丝的喜爱 ………… 55
手势：有效调动粉丝的情绪状态 ………… 56
发型：营造自己最佳的视觉魅力 ………… 57

第 6 章
粉丝互动：主播"吸粉"引流实战技巧

直播节奏：让整场直播张弛有度 ………… 60
互动"吸粉"：拉近与粉丝的距离 ………… 60
避免冷场：主播聊天话术的技巧 ………… 62
谨防"雷区"：不受欢迎的主播类型 ………… 64

第 7 章
MCN机构运营：招募、孵化与培养主播

盈利模式：MCN机构的运营玩法 67
招募：如何挖掘优秀的新人主播 70
筛选：如何评判主播的商业价值 72
签约：如何与新人主播签订合同 73
孵化：新人主播的七天"帮带计划" 75
培养：帮助新人主播提升开播量 76

第3篇 实战操作

第 8 章
精准画像：直播电商用户需求分析

实战流程：需求分析的3个步骤 79
用户洞察：用户需求的4种类型 81
模型搭建：搭建基于需求分析的KANO模型 82

第 9 章
团队搭建：构建高效直播运营团队

筛选主播：商家挑选主播的技巧 86
主播助理：协调各方的业务对接 87
策划运营：确保直播活动的执行 88
场控运营：优化直播间观看体验 92

第 10 章
运营筹备：直播电商前期准备工作

硬件配置：直播设备的选择技巧 94
物料素材：直播前期的准备工作 96
灯光布置：直播常用的布光技巧 97
区域划分：直播场地的规划技巧 98

第 11 章
流程实战：直播电商的精细化运营

流程实战：直播活动的八大环节 101
开播前：直播策划的3项工作 101
开播中：直播带货的6个秘诀 103
开播后：数据复盘的4个指标 105

第4篇 店铺运维

第 12 章
商品攻略：引爆转化率的爆款法则

商品甄选：直播选品的5个维度 109
商品展示：货品陈列的3种方法 111
主播讲解：商品推荐的6个技巧 113
引爆销量：头部主播直播带货的秘诀 115

第 13 章
内容攻略：让你的直播间流量飙升

脚本策划：直播脚本的撰写技巧..........118
标题拟定：设置有吸引力的标题..........120
封面制作：直播封面的设计规范..........121
详情页：有效提升商品的转化率..........123

第 14 章
图片攻略：店铺与产品的设计技巧

店招设计：打造独特的店铺风格..........126
宝贝展示：产品图片的拍摄技巧..........129
店铺主图：设计要点与优化技巧..........135
促销海报：海报制作与优化技巧..........138

第5篇 直播转化

第 15 章
"吸粉"引流：粉丝运营与维护的技巧

粉丝获取：直播引流的推广渠道..........142

流量运营：直播间引流实战攻略..........143
福利激励：有效建立粉丝忠诚度..........146
社群运维：粉丝群运营维护技巧..........148
引导分享：如何实现用户自传播..........150

第 16 章
成交转化：电商主播销售引导技巧

调动感官：激发粉丝的购买欲望..........154
营造场景：戳中粉丝的需求痛点..........155
制造对比：实现粉丝的成交转化..........156
话术技巧：李佳琦直播带货的成交话术技巧..........157

第 17 章
淘宝直播：运营思路、技巧与方法

淘宝直播间的运营思路与策略..........161
直播间宣传预热的方法与技巧..........166
淘宝直播间数据运营实战技巧..........167

第 18 章
优质货源：商家货源选择四大渠道

1688采购：商家采购的流程步骤 171
找代工厂：解决货源的"六步法" 173
淘宝代销：模式优势与操作方法 175
线下批发：商家拿货的实战技巧 177

第 20 章
物流配送：商家快递运营实操攻略

商家选择快递公司的实操攻略 187
商家提升快递体验的实操攻略 187
商家降低快递成本的实操攻略 188
商家快递问题处理的实操攻略 190

第6篇 后台管理

第 19 章
仓储管理：构建高效仓储运营体系

货架布局：仓储货架的规划方法 180
制度体系：电商仓储管理规范化 181
流程管理：高效的仓储作业流程 182
降本增效：仓储成本控制的措施 184

第 21 章
客服运维：商家客服运营实战技巧

直播电商客服运维的实战流程 193
商家客服销售话术的实战技巧 194
商家客服售前沟通的实战技巧 196
商家客服售后沟通的实战技巧 197

第1篇
直播带货

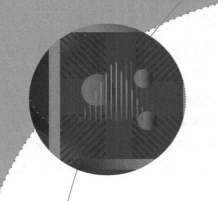

第 1 章

流量红利：直播重构电商生态格局

从1.0到4.0：直播电商的演变路径

随着5G时代到来，互联网行业迎来了新的发展机遇。2017年，国内直播电商的市场规模为190亿元，仅仅用了两年时间，2019年，行业市场规模就达到了4338亿元。据艾媒咨询预测，2020年直播电商的市场规模将达到9610亿元，同比增长121.53%，且直播电商将继续向着平台化的方向发展，产业化进程将不断加快。

2019年"双11"购物节期间，天猫平台有超过一半的商家开启了直播带货，仅用1小时3分钟，成交额就超过了2018年"双11"全天的成交额。购物节开始后不到9小时的时间里，通过淘宝商家直播间成交的交易额就达到了100亿元。购物节结束后，淘宝直播带来的总收益接近200亿元，其中有十几个直播间的交易额突破了亿元大关。在所有的交易中，家装和电子产品的成交量增长率超过了400%，有一半以上的商家通过直播带货实现了飞跃式增长。

这种新的营销方式在一定程度上引起了消费者强烈的好奇心，在这种心理因素的驱使下，商家的经济效益也因此获得了飞跃式增长。虽然这其中不排除主播个人魅力、产品本身存在一定的市场需求等因素，但直播的作用是显而易见的。总之，电商通过直播来增加销量的方式确确实实使产品获得了更大的曝光度，"直播带货"也成为当下热门话题之一。

直播行业从诞生发展到"全民直播"仅用了几年的时间，表现出巨大的发展潜力和经济价值。随着直播与电子商务相结合，直播电商必将掀起一场互联网商业变革。直播电商的演变与发展路径如图1-1所示。

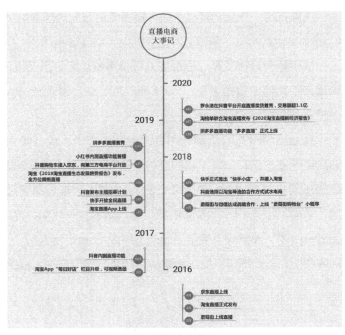

图1-1 直播电商大事记

直播电商1.0

2016年，随着直播行业发展，直播电商初露头角。此时的电商和直播平台着力于打破自身的单一属性，将"直播、内容、电商"3种元素相结合，试图将双方的流量结合起来转化为经济效益。

同时，2016年也是"网红"元年，"网红"这个新名词成为人们日常讨论的热点话题，直播与"网红"牢牢捆绑在一起，直播市场的发展潜力因此变得越来越大。随着相关管理法规和政策的相继出台，直播电商行业正式被官方和大众接纳，成为一种新型的电子商务营销方式。在这种背景下，蘑菇街率先上线直播业务，成为第一家推出直播电商服务的电商企业。

就在蘑菇街上线直播不久，淘宝也推出了"淘宝直播"平台。淘宝直播以阿里巴巴成熟的电商运营经验和生态技术为依托，没有经过"直播—直播电商"的发展过程，而是一步到位，直接打通了直播电商的完整运营生态。值得一提的是，淘宝直播初步实现了"边看边买"的功能，用户可以在直播间内直接购买产品，不用退出直播间再下单。

淘宝直播初入电商市场就表现出极强的生命力和广阔的发展前景，吸引了"网红"达人、淘宝店主、内容生产者、独立软件开发者的积极参与。淘宝还与新浪、UC、优酷等互联网平台达成合作，通过联动协同的方式搭建了一个"泛营销矩阵"。

直播电商2.0

在蘑菇街、淘宝初步试水后，直播电商行业内部开始了更精细的分化，MCN（Multi-ChannelNetwork，多频道网络）机构、供应链等功能各异的企业应运而生。

快手短视频在发展过程中接入直播带货功能，虽然快手直播比淘宝直播起步稍晚，但流量并不比淘宝直播逊色。2016年年底，快手涌现出一大批直播带货的主播，其模式以"打赏+带货"为主。

抖音虽然没有带货基础和直播电商生态链，但在吸引新用户、提高用户活跃度和打造热点话题方面有非常丰富的经验。抖音可以最大限度地发挥这些优势，将一些原本很普通的东西打造成"网红产品"，还可以将某个景点甚至是某座城市打造为"网红打卡胜地"。自2018年以来，很多商家抓住抖音的这一优势，借助抖音"种草带货"能力打造爆品。一时间，淘宝等电商平台涌现出很多"抖音同款""抖音上很火的"这类商品。抖音的带货能力与直播电商的正面营销相结合，可以在很大程度上实现流量变现。

另外，还有必要提到MCN机构。MCN是以多频道网络路径为基础、以内容的持续输出为保障、以流量的商业变现为目的的"网红经济"运作模式。MCN机构在整个产业链中承担着多项任务，如"网红经济"、供应链、内容生产等，因此它具有一定的规模效应，在渠道分发、内容创作与运营、"网红"资源获取与管理等方面都有专业的运营能力，可以保证优质内容有效变现。国内几大具有代表性的MCN机构如表1-1所示。

表1-1 国内几大具有代表性的MCN机构

代表企业	运营模式
宸帆	孵化"网红"个人电商品牌，一般"网红"负责商品设计及内容产出，电商孵化器负责供应链管理与店铺运营
美one	与商家、品牌合作获取货源，利用社交平台与电商平台进行直播带货
微念	凭借优质内容生产运营积累流量，转化为内容电商实现变现能力

MCN机构不仅要时刻关注KOL（Key Opinion Leader，关键性意见领袖）的动向，还要形成KOL资源的规模储备。在此基础上结合专业的内容运营团队，完成供应链打造、与电商直播平台合作，提高选品能力与实际变现能力。直播电商产业链如图1-2所示。

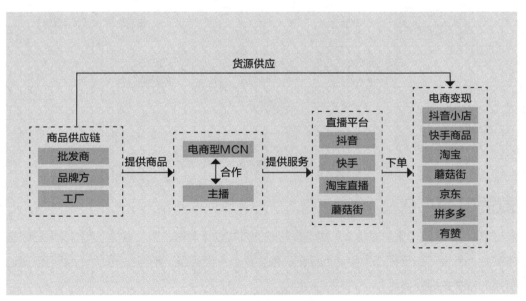

图1-2 直播电商产业链

直播电商3.0

自2019年起,直播电商开始进入普通大众视野。有实力的带货主播纷纷崛起,将许多直播流量成功转变为实际消费,这也是MCN机构在打造KOL和选品能力方面的有力证明。基于个人魅力和各种要素的积累,主播本身就成为独特的"品牌",让人们愿意根据他们的推荐消费。

按照传统的网购方式,购买者都是基于自己的需求主动搜索商品,是"人找货";而在直播带货模式下,商品出售的方式转变为 "货找人",并且结合"网红"主播、MCN机构、直播平台、短视频平台等,共同构建了一个"短视频+直播双向带货"的营销模式,如图1-3所示。

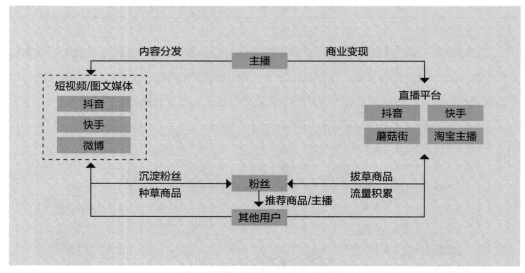

图1-3 短视频+直播双向带货营销模式

直播电商4.0

2020年,人们更愿意待在家里选择网购的方式进行消费,加上直播电商的发展已经基本成熟,直播带货已经成为电商的标配,绝大多数不同类型、不同性质的商品都可以通过直播的方式来提升销量。

2020年,淘宝为了引导用户关注网购消费的新风向、打造直播电商IP而专门举办了线上购物超级大促销活动,于3月21日在平台开启了首个"直播购物节"。

第 1 章　流量红利：直播重构电商生态格局

3月26日，全球顶级奢侈品品牌Louis Vuitton加入电商直播阵营，开播仅半小时，"LV"直播间就登上了小红书直播小时榜榜首。此次直播共有超过1.5万人观看，官方企业号粉丝直接增加约1万。

同日，罗永浩通过微博和抖音正式宣布开启直播带货生涯，抖音成为他的独家带货平台，在3小时的带货首秀中，累计观看人数突破4800万，成交额突破1.1亿元。

目前，直播电商发展的迅猛势头即将退去，进入重塑阶段，产业链上的各种资源有待通过比较统一的标准进行整合和规范，各角色分工和衔接有待进一步协调，直播电商的整体品质和运作效率有待进一步提升。

直播电商在野蛮生长过程中必然会产生一些空壳机构和散养机构，在2020年行业重塑期，这些机构将被逐渐淘汰，直播电商体系也将变得更加垂直，类型变得更加丰富（如直播培训机构、直播内容运营机构、直播资源对接机构、直播数据分析机构等）。各大电商平台都会将直播带货的营销方式放在越来越重要的位置，同时也会根据自身的特色和实际情况分化出特有的道路和模式。

带货逻辑：直播如何重构人、货、场

人

直播电商的流量核心在于"网红"主播，他们通过向粉丝输出专业内容实现粉丝经济变现。消费者的购买方式由按需主动搜索商品转变为接受主播推荐商品，在与主播快乐互动的同时不自觉地提升了消费体验。

主播是连接消费者和商品的纽带，是流量的入口也是商品的出口。带货主播往往能够利用自身的优势（外表、技能、口才、风格等）和优秀的销售能力促成交易，将粉丝转变为实际的消费者。目前，在各大电商平台或直播平台，主播的知名度和受欢迎程度分化非常明显，拥有顶级流量的头部带货主播很少，他们往往作为外部主播帮助各大店铺提高关注度和品牌黏性，把自己的一部分粉丝转化为店铺的固定流量。店铺获得曝光之后，主要由店铺的内部主播为粉丝讲解产品信息。

"网红"这一概念的外延比较宽泛，指所有网络上的红人，他们可能从事各种职业，以各种各样的原因被大众所熟知。带货主播只是"网红"群体中的一类，他们可以顺利地完成流量变现，成为具有拉动实际消费增长功能的一个群体。由此，"网红经济"也开始成为热点话题。以雪梨为代表的初代"网红"主要在微博销售服装、推广服装品牌。

这代"网红"最开始是通过图文推广商品，随着4G和5G技术的发展，图文转化失去了原来的优势。此时，短视频成为热门媒介，抖音、快手等短视频平台相继崛起，依托于短视频和直播平台的"网红"迅速获得关注，在市场上占据了优势地位，形成了"网红经济"新格局。

货

与其他销售方式相比，直播带货利用消费者普遍具有的从众、物以稀为贵等消费心理，以高性价比、限时限量为主要卖点，刺激粉丝产生消费冲动。随着直播带货日渐普及，淘宝、快手等各大电商平台和短视频平台直播出售的商品种类日益丰富（如家居、美妆、服饰、食品、数码等），同时线上曝光率和渗透率也得到了大幅提升。

据淘宝《2020年商家直播白皮书》发布的数据显示，2019年12月开启直播带货的商家数量、日均直播场次、直播成交额渗透率同比上升了近1倍，可见直播带货对商家GMV（成交总额）增速的贡献之大。

从直播带货的产品类型来看，淘宝直播以食品、女装、美容护肤、饰品等商品为主，商家参与度较高。宠物、相机等受众比较局限的商品和汽车、房产这样的大宗商品，虽然直播量较少，但也丰富了直播带货市场的商品品类。

淘宝、快手等平台的带货主播一般都会要求合作品牌商提供较低的价格。因为直播商品能够吸引消费者的一大卖点就在于高性价比，顾客更愿意选择那些价格较低同时质量也不差的商品，这是主播引流、获得粉丝好感与信任感的方式之一。

场

与传统电商相比，直播电商场景聚集性较强；与线下销售渠道相比，直播电商运营成本低，不受时间和空间限制。直播场景分为两种：商家自播和达人直播，如表1-2所示。前者如淘宝、京东等电商平台，后者如抖音、快手等短视频平台，两者之间的区别如表1-3所示。当然，有的平台的直播场景不局限于某一种，可以两者兼有。

表1-2 直播电商的两大场景

直播电商场景	电商平台	主要份额	优势
商家直播	淘宝、京东等	淘宝等商家平台供应链、商家资源丰富，电商业态发展成熟，淘宝直播中商家自播场次占比90%	商家自播依托自有品牌，转化店铺私域流量，用户多为品牌粉丝，关注品牌动态与新品
达人直播	快手、抖音等	快手等平台以达人直播为主	达人直播依托自有粉丝，内容生产能力强，直播品牌较为丰富，粉丝对主播信任度较高

表1-3 达人直播与商家自播的区别

达人直播	商家自播
人格化	品牌化
用户是因感情驱动	用户是有货品需求
货品天天更新	货品更新不稳定
内容紧凑，转化能力强	流水账展示，转化率一般
创业心态	工作心态
单人直播有时间限制	可多人24小时在线直播
粉丝从零积累	店铺借力私域流量
非电商行业出身	电商运营能力强

核心优势：实现电商超级转化率

流量的高速增长期已经过去，传统电商的用户规模增长率连续3年保持在14%左右。在这种情况下，如何挖掘现有用户的商业价值成为电商经营和开发的重点。在各类直播平台迅速崛起的背景下，电商想要保持用户黏性，就必须顺应趋势并丰富平台内容。对于直播平台来说，用户和流量的积累已经基本完成，现阶段的重点是开发已有用户的商业价值。

与传统电商相比，直播电商有3个核心优势，如图1-4所示。

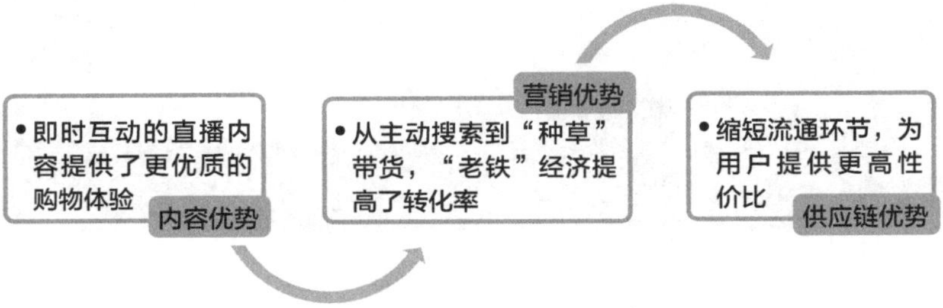

- 即时互动的直播内容提供了更优质的购物体验（内容优势）
- 从主动搜索到"种草"带货，"老铁"经济提高了转化率（营销优势）
- 缩短流通环节，为用户提供更高性价比（供应链优势）

图1-4 电商直播的3个核心优势

内容优势：即时互动的直播内容提供了更优质的购物体验

（1）成本更低，商品信息更丰富。传统电商的商品介绍以图文详情页为主，要么没有视频，要么视频起辅助作用，用户想要清楚了解产品的相关信息，必须翻阅图文详情页，阅读成本较高。同时对于那些功能和用法比较复杂的商品，图文详情页未必能解释清楚。电商直播打破了图文说明的局限，以有趣的直播互动提升了消费体验，同时可以让用户获得更全面、更真实的信息。对于操作性较强的商品，主播可以直接演示使用方法，帮助用户快速做出判断。

（2）商品信息更加真实、准确。在传统电商环境下，消费者获取商品信息的方式除了图文详情外，还可以通过与客服的问答互动获取所需信息，但这种形式依旧是文字式的，有时还会因为"言不尽意"使信息变得更加模糊。直播带货主播与用户的互动更加具体和直接，用户可以让主播代替自己体验商品，如在美妆类和服装类的电商直播中，主播经常通过试妆、试穿的方式为用户展现商品的实际效果，如图1-5所示。

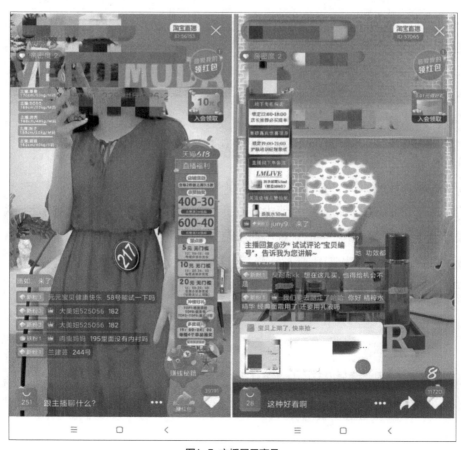

图1-5 主播展示商品

（3）消费过程具有娱乐性。为了保持直播本身的娱乐属性，直播带货不是单纯地进行商品消费，而是将商品消费和内容消费相结合，为购物过程增添剧情表演、脱口秀、时尚展示等趣味要素。艾媒咨询调查显示，观众在带货直播间中最关注的内容是商品的展示，其次是直播内容。卡思数据调查显示，处于榜单前列的带货红人，在直播过程中通常都会展示一些剧情表演、时尚穿搭等趣味性较强的内容。

营销优势：从主动搜索到"种草"带货，"老铁"经济提高了转化率

（1）直播电商具有传统电商所不具备的情感属性。用户通过传统电商购物时，接触到的只有模式化的图文详情页和商家客服，互动程度和情感联系较浅，甚至没有。而在电商直播中，主播能吸引观众进入自己的直播间，必然会有一些情感因素的作用，要么是主播的人设吸引，要么是主播的趣味性吸引等。同时，电商直播平台还为主播与观众的互动提供了一定的可能性，观众在观看直播的过程中通过点赞、评论、向主播提出问题，可以有效拉近与主播之间的距离，形成一种情感基础上的信任关系，从以前的"因需求买单"和"为品牌买单"转变为"为喜爱买单""为信任买单"。在这种"人对人"的"购物+社交"模式之下，主播的一句"老铁"就可以实现流量变现。

（2）拓宽用户获取商品信息的途径，提高新品打入市场的效率与成功率。由于缺乏有效的曝光渠道，传统的电商新品想要在消费者群体中提高知名度并建立品牌认知非常困难。因为大多数消费者不愿意做"第一个吃螃蟹的人"，选择了陌生品牌意味着要承担不明确的风险。而直播带货基于主播与粉丝既定的信任关系，可以很轻松地将新品推销出去。于消费者而言，自己信任的主播做出了承诺，承担了风险，展示了更多的商品信息，可以放心消费；于商家而言，直播带货可以迅速提高新品牌的知名度和在消费者心目中的认可度。

供应链优势：缩短流通环节，为用户提供更高的性价比

直播电商对供应链的上游具有较强的议价能力。头部主播和MCN机构为了在直播间实现"全网最低价"的促销卖点，通常直接从供应链的上游拿货，从而缩短了供应链的中间环节，最大限度地节省了商品的流通成本；同时，头部主播和MCN机构选品团队的拿货量较多，上游供应商的合作意愿较强。基于以上两点原因，直播电商具有较强的议价能力。相关调查显示，带货直播间商品的优惠幅度加上优惠券和赠品，价格相当于从传统渠

道购入的3~7折,这为用户提供了高性价比的选择。

供应链中一般都有商品宣传环节,直播带货实际上是利用主播自身的影响力替代了这一环节,节省了宣传成本。因此,对于主播来说,掌握供应链上游信息,增强自身吸引力是必备素质。

抖音带货达人"牛肉哥"连同他背后的MCN团队直接与西班牙葡萄酒产地对接,推出了价格极具吸引力的爱丽丝干红葡萄酒。因为省去了中间商,去除了存储等环节,产品价格达到了99元/6瓶,而传统渠道的天猫旗舰店中的产品价格为88元/瓶,优惠力度达到了1.85折。

综上所述,直播电商具有营销、内容和供应链3个层面的优势。据统计,直播电商在流量变现转化方面远超传统电商、社交电商和"网红"电商。其中,淘宝电商直播间的流量转化率最高可达30%;2019年上半年直播电商的转化率突破了36%。另外,除了在流量变现方面有极大的优势之外,直播电商由于对直播内容运营和对供应链上游的把控,在商品销量和经济收益方面也取得了显著成效。

模式路径:直播电商的3种模式

直播电商具有很强的互动性,用户可以通过"社交"模式了解商品,更加直观地获取商品的详情信息。一般来讲,同一直播间内观众的爱好相似或相同,主播可以根据这一群体的消费偏好推荐适合他们的或他们可能感兴趣的商品,引导观众在观看直播的过程中点击直播间的购物链接下单。另外,观众可以通过弹幕或评论对商品提出疑问或发表看法,还可以主动请求主播为自己推荐合适的商品。

直播电商的这种互动性加上主播本身的吸引力,可以有效增强消费者黏性,提高商品转化率,这是传统电商不得不抓住的一个转变方向。电商平台除了要保持现有粉丝群体的黏性之外,还要尽可能地吸收互联网中的其他流量,最大限度地实现流量变现。

"直播+电商"有3种模式,它们有各自的特点和作用,如图1-6所示。

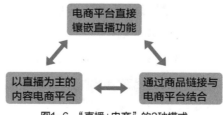

图1-6 "直播+电商"的3种模式

模式一：电商平台直接镶嵌直播功能

许多顶级电商企业已经将直播功能作为电商平台的一个组成部分，如淘宝、京东等。他们在原有的平台中直接镶嵌直播功能，完成直播与电商的结合，如图1-7所示。最初，这一模式需要利用电商平台已有的流量带动直播间流量，在直播间流量达到一定规模后再利用直播流量带动平台流量，这实际上是一个相互促进、共同发展的过程。在这种模式中，多数电商平台都会选择性价比高、能被普通大众接受的商品，然后在直播间利用主播进行推广。

图1-7 淘宝、京东直接镶嵌直播功能

虎牙、斗鱼等直播平台的崛起，让年轻人养成了观看直播的习惯，"直播+电商"模式迎合了大多数年轻人的需求，受到了极大的青睐。电商将直播功能直接嵌入购物平台，有助于年轻人在观看直播的过程中接受商品，从而达到流量变现的目的。

模式二：通过商品链接与电商平台结合

当你在虎牙观看某位游戏"大神"直播时，可能会发现直播间的某个角落有一个二维码,或写着"淘宝搜索我的店铺××××",这就是商品链接与电商平台结合的模式,如图1-8所示。但像虎牙、斗鱼这类专业直播平台,收益主要来源于观看流量与粉丝打赏,直播间的这些商品链接是平台下放给主播"打广告"的特权,收益一般会进入主播个人的口袋。直播结束后,商品链接也会被撤下。

图1-8 虎牙直播带货

专业直播平台的主要业务是直播,而不是卖货,粉丝观看直播的主要目的在于消遣娱乐。因此,如果长时间给直播平台挂上商品链接,就很有可能影响粉丝的观看体验,造成流量的流失。虽然这种模式可以短时间内在一定程度上提高平台和主播的收益,但从长期来看,必然会导致流量逐渐流失,反而得不偿失。所以,直播平台很少利用这种模式,只会将这种权限下放给一部分主播,并且要求主播在直播结束后将商品链接撤下。

模式三:以直播为主的内容电商平台

小红唇等内容电商平台以直播为核心业务。以小红唇为例,美妆主播在进行直播时会向粉丝分享一些护肤、化妆方面的知识，让粉丝可以在直播间学习化妆技巧。当粉丝看到主播使用某款产品化妆取得不错的效果时，便会产生购买同款商品的冲动。在这种情况下，主播只要为他们提供相关产品供其选择，就极有可能达成交易，如图1-9所示。

图1-9 小红唇直播带货

这种模式虽然以直播为主，但内容上带有明显的营销色彩。观众在观看这类直播时，往往会将里面的广告内容当成直播的一部分，很少产生排斥心理。只要商品的实际使用效果和价值符合直播间展示的情况，观众依然会产生强烈的购买意愿。这一点和商品链接与电商平台相结合的模式存在显著区别，后者以直播为主，以带货为辅，而以直播为主的内容电商平台将直播与带货放在同等重要的位置。

综上所述，在传统的电商平台镶嵌直播功能，与在专业的直播平台增加带货功能，两者之间没有较强的可比性，并且二者各有侧重点，要么是电商，要么是直播。而"直播+电商"是将二者放在同一位置，更符合这一模式的概念和未来的发展趋势。

第2章

流量运营：直播电商平台运营实战

淘宝直播：申请流程与注意事项

直播电商推动了淘宝平台的进一步发展，使平台的月活跃用户不断增加。从阿里巴巴2019年的财务报告可以看出，淘宝平台的月活同比上涨了100%。2018年，淘宝直播月活用户增长速度持续加快，达到了350%，推动全年成交总额突破千亿大关，淘宝转化率超过60%。与此同时，淘宝旗下80多位超级主播的带货成交额逾1亿元，并造就了上百位月入百万元的主播。在这种大好形势下，淘宝直播提出了"3年GMV（网站成交金额）破5000亿元"的目标。

随着淘宝直播的热度越来越高，越来越多的平台商家希望通过开通直播促进产品销售，越来越多的个人主播希望可以帮助商家进行直播带货获取佣金。那么，商家与个人应该如何申请开通淘宝直播呢？

直播权限开通的具体要求

商家与非商家在开通淘宝直播权限方面要满足不同的要求，如表2-1所示。

表2-1 直播权限开通要求

商家身份：个人店铺和企业店铺	非商家身份：达人/消费者
淘宝店铺满足一钻或一钻及以上（企业店不受限）	淘宝达人账号层级达到L2级别
主营类目在线商品数≥5，近30天店铺销量≥3，近90天店铺成交金额≥1000元 卖家须符合《淘宝网营销活动规则》	拥有较好的控场能力，口齿流利、思路清晰、与粉丝互动性强
本自然年度内不存在出售假冒商品违规的行为	通过新人主播基础规则考试
本自然年度内未因发布违禁信息或假冒材质成分的严重违规行为扣分满6分及以上	—
卖家具有一定的客户运营能力	—

> **注意**
> 如果商家暂时不符合开通条件，可以在客户运营平台等地方注重客户分类与运营维护，尽量销售与主营类目相符的商品。

淘宝直播开通流程

第一步：打开淘宝客户端，下拉页面找到"淘宝直播"。

第二步：打开"淘宝直播"界面后点击右上角的"："图标。

第三步：打开"功能直达"界面后点击"主播入驻"。

第四步：打开"主播入驻"界面后，首先填写基本信息，然后向下滑动。

第五步：接着添加照片和生活视频，编辑完成后点击"提交申请"按钮。

整个流程如图2-1所示。

图2-1 淘宝直播开通流程

淘宝直播常见问答

（1）淘宝直播和图文推广的区别是什么？

淘宝直播和图文推广最大的区别就是模特回归本真，通过真实的体验让粉丝了解所售商品，与用户的互动性极强，这些是图文推广很难做到的。

（2）哪些淘宝直播内容观看粉丝数更多？

首先需要看主播的表达能力，能让观看直播的粉丝产生代入感。例如，主播可以直播做菜，从准备到下锅烹饪让粉丝全程参与；直播化妆，从素面朝天到一步步妆容的改变让粉丝们全程了解。

（3）如何让商品上淘宝直播？

有淘宝直播能力、店铺综合排名指数较高的卖家可以自行开通，不具备直播条件但商品比较合适直播可以通过阿里"V任务"和与红人主播合作进行直播。

（4）怎么边看淘宝直播边购买？

打开手淘的淘宝直播，选择喜爱的主播进入直播间。点击底部的"购物袋"图标，可以看到主播销售的产品链接，点击相应的商品购买按钮就可以在不退出直播间的情况下将产品加入购物车，如图2-2所示。

第 **2** 章　流量运营：直播电商平台运营实战

图2-2　淘宝直播边看边买

抖音直播：入驻流程与操作技巧

2018年6月，抖音购物车推出了一个新的活动，即入驻100个内测账号测试直播电商功能，拉开了抖音电商直播的序幕。在"双11"期间，成交额超2亿元，商品销售超10万件，抖音号利用抖音购物车分享功能，取得了不错的"战绩"。

抖音在带货时更加注重流量池的维护，对所有流量进行集中处理，根据所获得的价值衡量流量配给。这种方法利弊皆有，虽然可以在短时间内吸引大量人气，打造爆款产品，但因为抖音对各方面的管理都比较严格，尤其是流量方面，所以很难沉淀私域流量。抖音吸引用户的方法不是基于信任，而是依靠高质量的内容。

抖音就是凭借这些优质内容吸引用户一直观看，让用户产生高黏性、强关注，这就不可避免地拉远了用户和KOL之间的距离。在抖音平台，大多数用户应该是一直刷新内容，很少特别关注某一个主播。因此，在抖音平台，主播或商家想要打造一个爆款产品，必须注重内容。

第一步：开通抖音直播电商功能

目前，在抖音开通直播电商的门槛是：

（1）完成账号实名认证；

（2）个人主页视频数（公开且审核通过）大于或等于10个；

（3）粉丝数大于或等于1000个。

抖音直播电商申请方式：登录抖音App→我→≡→创作者服务中心，如图2-3所示。

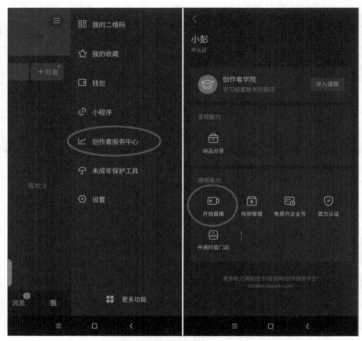

图2-3 抖音直播电商申请流程

第二步：选择直播带货商品

抖音直播商品的两大来源，如图2-4所示。

图2-4 抖音直播商品的两大来源

抖音直播电商选品注意事项：在选择商品之前，直播电商需要根据账号粉丝画像，对粉丝的年龄段、性别比例、地域特征等进行充分了解，然后有针对性地选择商品。直播电商只要打开对应的创作者服务平台就能查看详细的粉丝画像，了解粉丝的相关信息。除了要根据粉丝信息选择商品外，直播电商还要验证商品品质，确保价格优惠。在店铺选择上，要尽量选择等级高、评分高、信誉好的店铺，如淘宝皇冠店铺、天猫旗舰店、京东旗舰店等，要确保店铺DSR（卖家服务评级系统，Detail Seller Rating）评分不低于行业均值；在商品选择上，要尽量选择爆款、清仓折扣款、上市新款商品。

直播电商需要分清哪些商品可以直播销售，哪些商品不能直播销售。因为在抖音平台，不是所有商品都能被公开带货。主播在选择商品之前应该充分了解抖音平台直播电商违禁品的相关规则，一旦将违禁商品带入直播间，不仅会被平台限制流量，还有可能被降权或封号。抖音直播违禁品的七大类型，如表2-2所示。

表2-2 抖音直播违禁品的七大类型

违禁品种类	具体产品
服装类	动物皮草、高仿名牌服饰与鞋
食品类	减肥药、鹿茸人参等医疗保健功效药材、昆虫宴、自制食物类
玉石文玩类	未开凿的原石、古董文玩等
医疗类	医疗器械、医美器材、任何与药品相关的产品（包括保健药、酒）
高仿制品	高仿名牌手表、首饰、黄金饰品、包类
化妆品类	主播自己直播制作的化妆品、代购、高仿化妆品
信息类	婚姻介绍（国内、跨国类）、公考课程、驾考规定、金融投资、法律科普、招聘信息、微商兼职等信息

第三步：开播前添加商品

在抖音直播带货之前，主播需要将所选商品提前添加到商品橱窗，然后再添加到直播间，否则就不能在直播间添加任何商品。

具体来看，商品添加可以遵循以下步骤：

（1）根据抖音购物车商品规范提前确定商品标题、主图和基本信息；

（2）在开播之前将商品添加至商品橱窗，并设置符合规定的产品信息；

（3）直播时从商品橱窗选择需要直播的商品，添加至直播间广告界面。

用户只要点开商品橱窗的规则中心，就能看到详细的商品分享规范。

第四步：开播前预告+引流

直播电商想要在抖音平台提高曝光量，可以参考以下方法：

- 提前创作短视频向粉丝预告下次直播的时间、主题等信息，具体做法是在短视频内容、文案和评论中添加直播日期、具体时间、直播主题、奖励活动等信息，然后在各大社交平台发布短视频进行预告。
- 在正式直播前的3~5天，主播每天都要在直播间对直播活动进行提前预热，例如将个人昵称、简介修改成直播预告，持续曝光直播活动时间。
- 通过朋友圈、微博、公众号、小红书等平台进行站外预热，实现引流。
- 直播当天发布短视频预告，这样在粉丝点击短视频时就能直接将流量导入直播间。

第五步：直播间引流

在抖音直播中提高电商转化率最有效的方式之一就是增加直播观看人数。抖音平台上有一项"dou+"功能，这是为短视频创作者提供的视频加热工具。创作者可以通过投放"dou+"的方式来提升短视频的播放量、互动量以及内容的曝光度，从而增加直播间的流量。

在直播过程中，主播也可以通过分享直播花絮短视频的方式来为直播间引流。此外，利用平台一系列常规营销玩法也能达到引流的目的，例如，与其他主播进行直播比拼，向粉丝发红包，组织抽奖活动等。这些活动可以增强直播间的互动氛围，调动粉丝力量进行宣传。主播还可以通过积极参加官方组织的抖音直播电商活动，参与讨论电商热点话题，获取活动资源位。主播提升直播间互动效果的四大方法，如表2-3所示。

表2-3 主播提升直播间互动效果的四大方法

方法	具体措施
引导用户关注	通过直播、短视频福利等增强粉丝黏性，引导粉丝关注
引导用户评论	通过向粉丝提问，激发他们积极发表评论
设计互动话题	通过平台粉丝自画像了解粉丝基本信息，掌握粉丝偏好，设计互动话题，积极引导粉丝互动，鼓励粉丝发弹幕、留言
活跃直播氛围	通过"盖楼"、答题、领红包、抽奖、连麦、整点促销、秒杀活动、下单引导、告知用户下单流程等方式活跃直播间氛围

快手直播：运营策略与操作技巧

2018年6月，快手做出了一个创新活动，将第三方电商平台融入直播与短视频，这些平台有淘宝、有赞等，这便是"快手小店"。2019年5月，快手与拼多多联手，利用平台主播帮助拼多多平台的商家推广商品，两者合作拉近了360万商家与1.6亿直播用户的距离，达到了共赢的效果。

快手用户基本处于同城社交的状态，相互之间较为信任，消费时也少了些后顾之忧。并且主播在直播时的行为比较自由，可以将自己的微信号和二维码，以及产品链接告知观众，在私人号上与用户建立联系，不会受到平台限制。

还有很多与电商结下不解之缘的主播，只是因为在快手发布了某个产品短视频而爆火，收到很多具有购买意向的私信，这也体现出快手在电商方面的自由度较大。也就是说，快手主播是在直播时推广产品，有了KOL对产品的推荐，产品销售额也就有了一定的保证。

快手直播电商的运营方式

（1）签约"网红"主播或"网红"机构

"网红"带货具有投资少、周期短、见效快等优势，可以极大地提高销售效果。因此，各大品牌方非常愿意投入高额的成本与"网红"合作，请"网红"直播带货。品牌方与"网红"合作的形式可以分为两种：一是请"网红"主播短期带货；二是与"网红"主播签约达成长期合作，如图2-5所示。另外，有些品牌商也可以通过为"网红"或"网红"机构提供折扣产品、供应链等来宣传自身品牌。

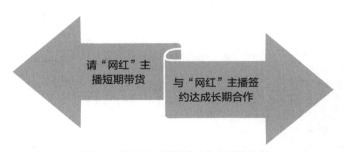

图2-5 品牌方与"网红"合作的两种方式

快手直播平台聚集了一大批中小"网红"主播，可供商家自由选择。商家与主播对接的方式主要有两种：一种是商家直接与"网红"机构对接合作，另一种是由快手平台帮助主播与商家对接。目前快手平台推出的快接单、快享计划可以以极快的速度帮助头部主播、中小主播与商家对接。

一般来说，商家为了挑选到适合自己的主播，会从3个角度对主播进行评估，分别是影响力评估、"种草力"评估和转化力评估。

（2）商家自己卖货

虽然"网红"带货可以帮助企业以较少的投入获得较快的销量提升，但这种营销模式始终停留在卖货阶段，不能达到长期效果，需要通过粉丝经营来弥补这一不足，提高消费者黏性，如通过打造企业IP更好地经营和服务粉丝。

小商家和个人营销者的资金实力有限，需要通过自身努力妥善经营个体账号和粉丝，一步步完成价值变现。

人们在注册快手账号的同时可以免费开通商家号。免费开通商家号的方式有两种：一是通过关注快手"商家号小助手"开通，如图2-6所示；二是通过关注"快手商家号"微信公众号开通，如图2-7所示。快手商家号拥有很多功能，如作品推广、商家课堂等。如果能完成企业认证，还能享受功能升级，如作品推广充值优惠、自动获得门店等。如果注册者是个体，就能在通过实名认证之后申请开通快手小店。

图2-6 快手商家号免费开通流程一

第 **2** 章 流量运营：直播电商平台运营实战

图2-7 快手商家号免费开通流程二

快手直播电商运营技巧

目前，通过直播完成商业变现是电商营销的重要途径之一。优质的主播不仅可以通过直播带货获得收入，还能通过粉丝打赏增加收入。一般来说，粉丝打赏的金额由主播与平台五五分账。另外，主播也需要利用传统的"吸粉"方式为直播间引流，如通过抽奖、发红包等方式"吸粉"和引流。

人气不高的直播间可以通过购买直播推广来增加观看人数。快手直播推广的收费方式非常简单，即主播通过直播推广每增加一个有效粉丝就要向平台支付1快币（1元=10快币）的推广费。主播可以向"我的钱包"充值，然后在晚间时段的直播高峰期购买直播推广。主播购买主播推广必须根据自身的经济能力和直播时段进行，然后根据推广效果，适当提高推广预算。

刚开启直播时，主播为了拉近与粉丝的距离，获得粉丝信任，经常以聊天、讲故事等方式与粉丝互动。在粉丝活跃度达到一定程度时，主播会引出商品，通过对比价格的方式来突出商品的高性价比，唤起粉丝的购买欲。在这个过程中，主播可以挖掘消费者的痛点，增强与粉丝的互动，促进消费者购买。其次，主播还可以通过打折、领取优惠券、多买多送等方式提高产品销量。为了打消消费者的顾虑，商家可以通过增加促销赠品、保证产品质量、承诺优质售后等方式获取消费者信任。另外，主播还可以利用使用者见证、阐述产品背书等方式达到促销目的。总而言之，高性价比往往是粉丝购买商品的根本原因，如果商品和宣传能够超出他们的心理预期，商业变现就会变得非常容易。

巧妙利用粉丝为直播间做宣传也是一种非常有效的引流方式。商家在直播时可以适时引导观众点击关注、点赞、分享转发直播内容，这样可以快速增加人气，提升直播间排名，达到引流目的。另外，在观看人数达到一定数值时，商家可以通过开启抽奖、发红包等活动引导用户呼朋唤友前来观看直播。

观众在直播间停留时间越长，他们产生消费的可能性就越大。所以，商家应该多利用如预告部分福利、分时段送礼物、设置粉丝团特别福利等方式延长用户在直播间的停留时间。

在粉丝量积累到一定程度时，商家还可以举办线下粉丝活动，增加与粉丝的面对面互动，通过发放福利、礼物等方式提高粉丝黏性。例如，快手平台的一些大主播曾自费举办演唱会让粉丝可免费观看，同时又直播卖货，不仅实力"宠粉"，还为平台增加了可观的收益。总之，商家只要能够找到适合自己的直播方式，就能玩转快手带货。

小红书直播：商家带货实战技巧

2019年12月31日，小红书发布了《向上的生活——2019年小红书社区趋势报告》。报告显示，小红书的月活跃用户已经超过1亿，凭借强大的"种草能力"，小红书成为国内一流的"种草"社区。用户的高速增长也为小红书带来了不少问题，目前，小红书面临的主要问题就是社区内容和商业化的平衡问题。

随着直播带货的风靡，小红书也加大了在直播版块的投入。在直播权限方面，小红书持开放态度，只要符合标准，任何创作者都能申请开通直播；在直播功能方面，小红书不断完善平台直播功能，包括连线、抽奖、红包、带货等。

小红书企业号权益

小红书企业号的五大权益，如表2-4所示。

表2-4 小红书企业号的五大权益

权益	具体内容
关联线下门店	关联线下门店的方法是，先登录企业号，然后依次点击"菜单管理中心→门店管理→关联门店→选择相关信息输入完整门店名称→搜索门店POI→选择"，最后上传资质资料，等待平台审核。审核通过后，线下门店便能在企业号主页展示出来，用户可以直接点击查看门店信息
更容易被搜索	企业用户可以通过设置企业卡片的方式向粉丝公开企业电话、地址等信息，这有助于粉丝与商家进一步沟通
设置企业卡片	企业用户可以通过设置企业卡片的方式向粉丝公开企业电话、地址等信息，这有助于粉丝与商家进一步沟通
@ta翻牌	进入小红书企业号，点击"@我管理"，可以挑选并展示用户发布的"@企业号"笔记。这种做法一方面有助于展现企业的热度，另一方面也能增强与用户的互动
申请话题	企业号与商业话题绑定有助于提升热度，企业号可以免费向平台申请话题，绑定展示

小红书企业号绑定店铺

（1）绑定店铺条件

- "店铺名称"与"企业号名称"一致或有强相关性；
- "店铺名称"与"企业号"主体名称一致或有强相关性。

（2）企业号绑定店铺操作

小红书企业号绑定店铺要分三步完成。

步骤01 在小红书企业号界面点击左侧个人菜单，选择"店铺管理"，输入店铺名称并搜索，绑定店铺。

步骤02 登录小红书第三方商家管理平台，依次点击"ark店铺管理→商家设置→企业号管理"进行确认绑定。

步骤03 确认完成后等待审核，大约需要1个工作日，通过审核便能完成绑定。

完成绑定后，先点击"主页管理"，再点击"自定义菜单"，然后设置展示"店铺"，接着在"高级选项"中添加店铺卡片，最后发布笔记。

小红书主播具体如何操作？

新手在小红书平台开通直播后，对平台的很多功能不够熟悉，可能会给后续的开播带来不便。下面，我们就一些常用问题进行解答。

（1）怎么开始小红书直播？

选择一个合适的直播环境，调节好直播间光线，确认美颜参数，设计好封面标题，这些准备工作完成后，点击小红书直播上的"+"号，按左下角的"直播"按钮，即可开始直播。

（2）小红书直播怎么挂带货链接？

小红书的直播带货采用的是邀请制，主播没有收到商家邀请，不能申请挂带货链接。新手主播要首先熟悉直播的各项功能，培养人气，积累粉丝，等到时机成熟后自然能收到带货邀请。

（3）小红书直播的礼物和薯币是什么？

小红书的礼物货币被称为"薯币"，粉丝可以通过充值购买"薯币"，再购买礼物打赏主播。直播结束后48小时内，平台会将主播的礼物收益结算至主播钱包，主播可以依次点击"我→更多→钱包"，通过主播钱包提现。

（4）小红书主播"连线给你"是什么？

点击"连线给你"可实现两个直播间的连接，两位主播会同屏出现，双方粉丝可同时观看到两位主播的"风采"。粉丝量差距较大的主播需要先互相关注，才能出现在彼此推荐连线的主播列表内。

（5）小红书直播需要注意什么？

直播时，不要随意切出直播间，否则会影响直播观感；长时间不直播会自动短驳；禁止提及与广告、销售相关的问题，包括广告销售方式、不合规的联系方式等；禁止不文明语言和人身攻击；禁止衣着暴露和低俗内容；禁止长时间挂机行为和应付式直播行为。

第 3 章

带货逻辑：从公域到私域运营

流量积累：从公域到私域的转化

散打哥和李佳琦虽然是不同平台上的头部主播，但他们在直播带货时有一些相同的带货特征，在带货逻辑方面可以说是殊途同归。

李佳琦作为淘宝直播先行者中的一员，2016年11月开始做直播，至今一共积累了千余场直播经验；散打哥2014年来到快手，最初以短视频的方式活跃在快手平台，后来随着平台直播功能的开启，也走上了直播道路。

加拿大作家马尔科姆·格拉德威尔（Malcolm Gladwell）在其作品《异类》中提出了"一万小时定律"，即要成为某个领域的专家，需要10000小时，按比例计算就是：如果每天工作8小时，一周工作5天，那么成为一个领域的专家至少需要5年。

"1万小时定律"同样适用于主播行业。所有直播平台上的主播，想要取得成功并具备强大的影响力，都必须长期地去付出努力，不断积累粉丝与人气。

为了拥有黏性高的流量，也为了使流量更可控，能够直接触及用户需求，越来越多的主播开始经营以公众号、用户群等形式为载体的私域流量，但私域流量的积累不是一朝一夕的事情。活跃在淘宝、抖音、快手等各大平台的主播，如果想要积累自己的私域流量，就必须以平台的公域流量为源头，一点一滴地积累。

2018年11月6日，散打哥的一家电商公司正式开业，同一天，快手首届卖货节亮相，卖货王活动拉开帷幕。这一天，散打哥只休息了两个小时，其他时间基本都在直播。最后，散打哥带货成交额超1.6亿元，凭借1492万的热度成功夺魁。

快手面向的用户群体包括社会各个阶层的人士，与它的产品价值体系相结合，切实提高了公域流量的转化效率。快手使每一位用户都可以成为信息提供者，平台内容更加多元化，可以帮助主播不断地提升自身价值，由边缘走向核心，完成去中心化的过程，绽放自己的光彩。

快手带货直播的商业模式是：新主播不断积累经验，夯实自己的基础，让自己由边缘地带慢慢向中心靠拢。

平台赋能：实现私域的破圈增长

2019年，如何通过公域流量与私域流量的结合推动大主播与中小主播共同发展，逐渐成为直播行业讨论的热门话题。在回答这个问题之前，我们要先了解大主播与中小主播的特点：中小主播很难精细化地运营粉丝，对公域流量的依赖性很大；大主播主要依赖私域流量，能够有效沉淀粉丝。

淘宝直播流量池的变动幅度不会很大，因此主播数量越多，流量分散就越厉害。36氪曾报道过，淘宝直播日活约900万，每天大概有6万场的直播。

新主播最初都是零基础，不会拥有太多私域流量。新主播想要在最短的时间内成长起来，最好的方法就是将自己的奋斗经历与直播平台的成长相结合。

头部主播的粉丝数量一旦触顶就很难再有突破，但散打哥在一年内就使粉丝数量由4000万增加到了近5000万，其原因有两点：一是由于散打哥敬业认真，坚持直播，而且收了很多徒弟，建立起了散打家族；二是因为平台的公域流量赋能私域流量，使散打哥在流量方面得到了很多支持。

快手在做内容推广时，将社交圈功能与个性化推荐系统相结合，更加关注用户需求，再加上瀑布流式的布局，打造了一种同城交互的模式。

此外，快手还在继续努力增加公域流量，不断推出新产品。例如，快手为了让直播间能够快速吸引观众并增加主播人气，在2019开通了直播推广功能，对粉丝关注页进行了改变，使直播间能够出现在页面最上方，让其他游客能够注意到直播间信息。

主播在积累私域流量时往往会遇到很多问题，如无法扩大影响力，即便是红人主播，也会对如何"破圈"感到头疼。因为大主播想要提高自己的商业变现能力，就必须增加自己粉丝数量，突破现有圈层，但这样又会带来定位问题，而且还要重新把握品牌调性与产品运营的契合点。

这时，就体现出公域流量对私域流量的支持作用了。在直播推广功能的帮助下，主播能够在确定目标群众以后，通过直播推广功能快速而准确地将信息传递出去，从而做到精细化运营，也就是通过"人+内容"的模式提高粉丝运营能力。

公域+私域：提升整体营销价值

主播及直播平台想要实现长期发展，必须在"人+内容"的基础上做到商业化。因此，在兼顾公域流量与私域流量的前提下，如何增强用户对主播、商家的信任，提升整体营销价值，就成了每个直播平台需要解决的问题。

为了解决上述问题，快手通过开屏广告等方式将公域流量与私域流量结合在一起，打造了一个"商家—平台—主播—用户—商家"的良性循环体系，如图3-1所示。

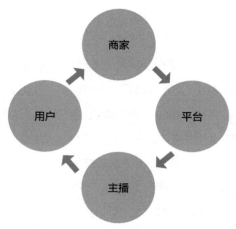

图3-1 快手的良性循环体系

散打家族能够做到精细化运营私域流量,并且基于庞大的粉丝数量,拥有很强的带货能力。法兰琳卡正是看中了这一点,才在2019年11月25号散打家族举办活动时成为他们的独家冠名商,并赞助了快手的开屏广告。

凭借快手2亿的日活跃用户数量,开屏广告为散打家族和法兰琳卡吸引了巨大流量,使直播间的人气持续攀升,获得大量关注,帮助主播新增了许多粉丝。根据相关数据统计,直播开始就有近百万粉丝涌入直播间,随着观众数量不断增加,累积观看总人数突破了2000万。

这次直播活动完美地将公域流量与私域流量相结合融入营销,使广告与带货两不耽误,并且还能相互促进,充分体现了"商家—平台—主播—用户—商家"这个良性循环体系的运作成果。

此外,散打哥也有自己的营销策略,那就是"宠粉",给粉丝准备有实用价值的礼物。例如,拿出50万千克大米作为礼物,送出一千多台电视机、洗衣机、冰箱等。

在主播进行直播带货时,也能够看出快手平台对主播私域流量的支持。例如,2018年12月,快手公布麦田计划,升级了能够一站式解决用户需求的"快手小店",更好地满足了主播对于直播带货的需求。

此外,"快手小店"还与第三方电商平台展开了合作,包括淘宝、京东、拼多多等在内的许多电商都可以将自己的产品通过快手小店展示出来,同时,也可以将应用上的"商品橱窗"作为展示商品的位置。由此一来,快手就成为能够为用户提供一站式服务,集社交、直播、营销、短视频于一体的平台。

为了加强主播与粉丝之间的联系,2019年,快手开通了能够让粉丝获得身份标识的粉丝团功能,使主播能够将开播信息第一时间传达给粉丝知晓。

直播红利：超级主播的引流策略

"红人+艺人"模式

除了公域流量与私域流量相结合的趋势外，超级主播在流量积累方面还有其他策略吗？最明显的方向之一就是"红人+艺人"的直播模式。红人主播凭借日益强大的影响力，再加上平台赋权，已经成为直播间的主角，吸引了很多艺人主动前来寻求合作。

在直播时代到来之前，艺人想要宣传自己的影视作品，最好的方式可能是上综艺节目，或者在短视频平台上通过短视频进行推广。但目前，红人直播间为他们提供了更好的选择。

例如，很多当红艺人都"空降"过李佳琦的直播间，凭借有趣的互动登上微博热搜，推动直播内容实现二次传播。再例如散打家族在2019年举办的粉丝见面会活动，也有众多艺人倾情加盟。

红人并不像艺人那样通过出道获得人气，而是通过长时间的直播慢慢积累粉丝。红人凭借与粉丝之间比较稳定的情感联系，在直播带货时引导粉丝进行转化，进而获得更多的社交资产。红人的市场价值在于，能够引导粉丝做出更多消费行为，这一点是许多艺人无法做到的。

公益和扶贫

对于所有的红人来说，公益和扶贫是他们永远的使命与共同的话题。包括淘宝直播与快手在内的许多直播平台，都成为公益扶贫的新力量。

2019年散打家族在粉丝见面会上宣布，为帮助地中海贫血症患者和其他贫困、弱势群体，决定成立专门的基金会，并捐出1000万元人民币；在2019年"双12"晚上，李佳琦拿出一部分时间为贫困地区的农民带货，帮助他们销售滞销农产品，为公益扶贫献出自己的一份力量。

在快手2019年的统计数据中可以看到，在所有从快手平台上获得收入的用户中，有超过500万人来自国家级贫困县，占比超过了1/4，其中有大约115万人在快手销售过产品，全年成交总额达193亿元。

在直播行业飞速发展的时代，李佳琦和散打哥为众多主播树立了一个良好的榜样。如果一名主播能够成长为顶级红人，并且拥有强大的影响力，必然会为促进社会发展贡献自己的力量。其实，这也是私域对公域的最好回报。

第2篇 IP打造

第 **4** 章

主播定位：提升粉丝黏性与转化率

主播定位：引爆超级流量的秘诀

从2016年开始，直播行业正式进入发展的快车道，呈现出"百花齐放"的新气象，打造个人IP成为主播从日趋激烈的竞争中脱颖而出的关键。所谓的主播IP，就是指围绕主播打造的品牌形象。主播IP的价值越大，个人影响力也就越大，能够吸引的粉丝就越多，商业变现能力就越强。

什么是主播定位？

主播定位就是打造"人设"。进一步解释就是结合观众喜好，按照市场需求与个人发展方向打造出的形象，包括主播展现给观众的一切内容。

主播定位影响着观众对主播的第一印象。一个好的定位可以让观众迅速判断自己是否喜欢这类主播，从而决定是否继续观看直播。主播想要在短时间内培养一批忠实粉丝，必须设计一个合适的定位，找到喜欢自己的观众群体。同时，一个好的定位还能帮助主播形成自己独有的商业特征，给观众留下深刻印象。

主播定位包括哪些内容？

主播定位主要包括如表4-1所示几个部分。

表4-1 主播定位的主要内容

主播定位	具体内容
直播内容	直播内容是电竞游戏还是歌舞表演？是在室内直播还是室外直播？主播必须首先明确直播内容，然后安排好相关的辅助环节
窗口画面	关注灯光、背景、服饰、造型、道具等各种细节，例如，服饰选择商务型还是休闲型，灯光选择冷色光还是暖色光
布景音乐	选择古典音乐还是流行乐，选择原创歌曲还是翻唱歌曲，以男声为主还是以女声为主，是抒情的还是动感的，是搞笑的还是严肃的
主播声音	是沉闷还是清脆？是刺耳还是圆润？是大嗓门还是小分贝？
其他	对于主播来说，所有关于直播方面的内容都属于主播定位的范畴。例如,主播定位是一位知性女主播，那着装必须优雅大气，言行必须理性冷静，处处表现自己的魅力；假如主播定位是舞者，必须能够随时跟着音乐动起来，展现出深厚的舞蹈功底与曼妙的舞姿

主播定位的五大原则

在自我定位的过程中，主播必须坚持以下五大原则，如图4-1所示。

图4-1 主播定位的五大原则

（1）需求性原则

主播定位首先要考虑市场需求，包括渠道需求，哪种主播类型是渠道需要；观众需求，直播更容易吸引哪种类型的观众，观众喜欢什么类型的直播内容；媒体需求，媒体需要哪些能够吸引大众视线的热点、新闻点等。

（2）一致性原则

主播言行要与主播定位时刻保持一致。例如，主播定位是幽默搞笑，在直播时却总是不苟言笑，就违背了一致性原则，破坏了其定位。为了给观众留下良好的印象，除言行外，主播的发型、服饰、性格等也要与其定位保持一致。

（3）真实性原则

真实性原则是每个主播都要坚持的基本原则。说谎作假一旦被发现，主播"人设"就会彻底崩坏，主播信誉也会全部丧失。所以，为了维持良好的形象，主播必须坚守道德底线，保证直播内容真实可靠。

（4）夸大性原则

这一原则并不是让主播违背真实性原则，而是让主播在保证内容真实可靠的基础上，通过适当夸大的方法传递直播信息，覆盖更多观众。

（5）活跃性原则

主播要让直播间充满正能量，通过直播展现自己积极向上的精神面貌，只有这样才能更受渠道喜爱，更受观众青睐，从而受到媒体的广泛关注。

明确优势：超级主播定位三步法

打造主播IP的第一步就是找准自身优势。只有明确自身的优势所在，才能抢先起跑，甩开他人。但明确自身定位并不容易，下面我们通过"定位三步法"来阐述主播如何明确自身优势，如图4-2所示。

第 **4** 章　主播定位：提升粉丝黏性与转化率

图4-2　主播定位三步法

第一步：明确区间

所谓的"明确区间"就是进入合适的细分领域，找准自己的发展方向。主播可以从才华天赋、经验能力和投入时间3个维度明确自己的身份定位。

- 才华天赋决定了你的擅长领域。找到能够尽情施展自身才华的领域才能更快地取得成功。
- 成就多大取决于自身积累的经验有多少。所谓"厚积"才能"薄发"，一个成功的主播一定在其所处领域积累了足够的专业知识与经验，达到了顶尖水平。
- 一分耕耘，一分收获。主播IP打造需要投入足够的时间与精力，花费的时间与精力越多，获得的影响力就越大。

以李佳琦为例，从天赋角度来说，李佳琦具备非凡的销售天赋及口才，能在长达6个小时的直播时间内娓娓道来；从经验来看，进入直播行业以来，李佳琦就已经积累了丰富的化妆品销售经验，对口红形成了自己独特的见解，被誉为"中国最懂口红的男人"。从投入时间来说，有数据表示，李佳琦全年最高累计直播场次389场，平均每场直播时长为5~6小时。如果没有这么多时间的投入，李佳琦也很难成功。

第二步：挖掘特色

淘宝平台每天有上万场直播，在这个每天有数以千计的主播冒头又有数以千计的主播消失的时代，主播想要脱颖而出，就必须打造一个独一无二的IP形象，将自己与其他主播区分开。主播只有拥有较高的辨识度及鲜明的特点，才能更好地被粉丝记住，使自身影响力不断提升。主播可以从3个方面挖掘自身特色，如图4-3所示。

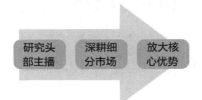

图4-3　主播挖掘自身特色的技巧

- **研究头部主播**。主播要在自己所处领域研究那些已经成名的主播，借鉴他们的经验，学习他们的引流方式、运营方式、互动方式等，将这些策略与技巧为自己所用。
- **深耕细分市场**。李佳琦的走红就是最好的证明。李佳琦凭借自己积累的美妆方面的经验，在美妆领域深耕，通过对行业内竞争对手及直播间粉丝需求的分析，从眼霜、面膜等庞大的化妆品市场中找到适合自己的口红进行深耕，最终红遍全网。
- **放大核心优势**。主播在明确了自己的发展方向之后要努力做到最好，最大化地展现自身优势。

李佳琦凭借1秒卖出8000套礼盒，3分钟卖出5000支眼霜的销售佳绩，奠定了其头号美妆主播IP的地位。再例如，抖音知名主播"坤哥玩花卉"在抖音拥有近350万粉丝，成为花卉养殖领域的头部主播。对于主播来说，十八般兵器无须样样精通，只要精通一件"兵器"，成为某一个领域的强者就够了。

第三步：积攒人气

如何积攒人气，让自己成为主播行业的佼佼者呢？这3种方式或许对主播有所启示。

- **制造第一**。2018年，一段"李佳琦马云PK卖口红"的视频在全网传播开来，李佳琦一战成名，奠定了其"口红一哥"的地位，让更多人愿意相信他所推荐的商品。这种借助名人影响力制造第一的方式能够帮助主播获得极高的知名度。
- **跨界混搭**。以冯提莫为例，她可能不是唱歌最好的，也不是打游戏最好的女主播，但是她是会打游戏的女主播里会唱歌的，会唱歌的女主播里会打游戏的，通过将各类资源整合到一起实现了"1+1>2"的效果。
- **强强联合**。很多主播会邀请知名艺人来直播间做客，为自己汇聚人气，通过强强联合吸引更多流量。

自我包装：打造有吸引力的标签

学会自我包装、提升自己在直播平台上的曝光度，对于主播来说至关重要。那么主播应该如何进行自我包装，让自己更受粉丝欢迎呢？主播可以从3个方面着手，如图4-4所示。

图4-4 主播自我包装的技巧

打好标签

打造标签的目的就是为了吸引用户关注。人的记忆力有限,一个简短独特且富有魅力的标签能够帮助主播从一众主播中脱颖而出。具体来看,主播打造标签的三大技巧如图4-5所示。

图4-5 主播打造标签的三大技巧

(1)关联能力

知名抖音主播"黑脸V"被网友贴上了"抖音第一技巧大神"的标签,那些想要学习视频特效技巧的网友自然会关注他。淘宝直播主播"fashion美美搭"一看名字就明确该主播和服装搭配有关。这就是贴好标签的优势,能够让别人更能记住你,对你留下深刻印象。只有让用户记住你,才有留住用户并最终把用户转化为忠实粉丝的可能。

(2)多次重复

在直播过程中,主播可以有意识地重复自己的口头禅,让自己的口头禅成为网络流行语,获得更多关注。例如,李佳琦总是在直播过程中说"OMG""买它"之类的口头禅,重复多次后,粉丝只要一听到这些口头禅,就会自然而然地联想到李佳琦。

(3)运用"最"字

红人主播"代古拉k"被誉为"抖音最美笑容",这个标签引起了不少人的兴趣与好奇,主播的点击量与关注度大幅提高,获得了平台的大力推广,从而在全网流行开来。同样的道理也适用于"最美的孕妇""最神秘的主播"等，这些主播都无一例外地获得了极高的关注。

起好名字

在注意力稀缺的网络时代，只有被用户记住，才能为后续的IP打造做好铺垫。对于主播来说，一个好名字是获得用户关注，被用户记住的有力武器，下面列举3个起名字的小技巧。

（1）名字要做到朗朗上口、简单好记。第一，不容易产生歧义；第二，最好用中文；第三，字数不要太多，最好控制在5个字以内；第四，可以使用数字或者叠词，显得生动活泼；第五，可以使用众人皆知的谐音起名。

（2）所起名字可以与所在领域相关，引发用户联想，吸引一批更具黏性的粉丝群体。例如"坤哥玩花卉"，用户听到名字就会推测主播擅长养花养草，那些对园艺感兴趣的用户会很快记住这个名字，并持续关注。

（3）主播的名字最好让网友联想到比较正面的个人形象。例如，快手达人"忠哥"，用户听到这个名字就会在脑海中产生一个憨厚忠诚的老实人形象，未见面就对其产生好感。

塑好形象

辨识度高的标签或者容易记住的名字只能让用户短暂地产生兴趣，想要维持热度，还是要内外兼修，打造一个好形象。

（1）外在形象的重要性不可忽视。很多主播都是凭借或甜美，或靓丽，或性感的外表走红网络，形成个人IP的。例如，主播冯提莫就凭借其甜美可爱的外表收获了超高人气。所以，主播一定要注重外在形象的塑造，可以请设计师根据自己的气质为自己设计一套形象。

（2）重视言谈举止。可能很多人把网络达人的成功都归结于外表，殊不知言谈举止也是影响主播人气的重要因素。例如，在直播带货过程中，主播要保持微笑，耐心讲解，遇到态度不好的顾客不要针锋相对，遇到在直播间争吵的顾客要好言相劝等。另外，主播在直播过程中要注意行为举止，动作文雅，在受众心目中树立一个良好的形象。

（3）内在形象决定个人IP的持久度。作为公众人物，主播的一言一行都会被放大。拥有正确价值观的主播才能为网络带来正能量，为社会做出更大贡献。如果主播不注重正面形象的维护,不仅会受到网友的抵制,还有可能被平台封禁,从主播行业彻底消失。对于很多主播来说,投身公益事业是其打造正面形象的一种有效方式。

例如某知名主播凭借直播带货成名后,积极投身公益事业,打造正面形象,帮助贫困地区义卖农产品,极大地提高了在粉丝心目中的美誉度。知名游戏主播投资建造希望小学,受到了央视的表扬。

如果主播的财力不足以支撑大规模的公益活动,只要积极参与公益活动,向用户传播正能量,就能赢得更多用户的支持与认可。

积累经验:主播能力速成的方法

在明确自身优势,做好自我包装之后,距离打造一个成功的个人IP只差最后一步,就是个人能力的培养与获得。主播的个人能力是决定未来直播事业取得多大成就的关键。在很多人的认知中,能力、经验的获得必须依靠长时间的积累与总结,但其实能力可以速成,不过这需要个人付出更多努力。那么,电商主播应该如何快速积累经验、提升自己的直播能力呢?在这方面,电商主播可以采取如图4-6所示的3个技巧。

图4-6 主播能力速成的技巧

空杯重来

电商主播在明确定位后,选择了自己更熟悉、更擅长的领域,不仅不能骄傲自满、放弃学习,反而要继续保持空杯心态,虚心汲取各种知识。所谓的空杯心态就是要明白自己仍有很多不足,仍有巨大的进步空间,仍要继续总结行业规律,仍要继续学习他人的优势,仍要敏感捕捉市场动向和粉丝需求,不断提高自己、充实自己。

请教行家

"听君一席话，胜读十年书"。对于电商主播来说，与其自己闷头琢磨，不如向专家请教，起到事半功倍的效果。

以papi酱创立的MCN机构papitube为例，该机构成立4年，签下150多位主播。为什么有这么多主播选择加入papicube这家新公司呢？大部分主播是因为签约papicube之后可以近距离地向papi酱学习，借鉴她的成功经验，依靠papi酱的人脉与资源为自己谋取更大的发展空间。

考虑到自己未来的发展，电商主播可以选择能够为自己提供更多资源与人脉的团队或者公司。因为相较于单打独斗，团队化运作可以帮主播省时省力地提高人气。

输出内容

主播在提升自身专业水平的同时，一定要不间断地输出内容。一方面把学到的经验与技能真正运用到直播中，另一方面根据用户对内容的反馈评价不断修改、调整，让自己的直播受到更多好评。电商主播可以根据不同平台的特性与用户需求，有的放矢地策划直播方案。

例如，淘宝直播平台以卖货为主；小红书直播、蘑菇街直播以分享穿搭与美妆技巧为主。电商主播必须根据平台特性有针对性地策划直播内容，并在直播结束后积极收集用户反馈，只有这样才能积累足够的经验，调整直播内容与IP形象，为未来发展积蓄力量。

第5章

IP打造：主播人格魅力的训练方法

体态：决定粉丝对你的第一印象

体态包括站姿、坐姿、走路姿态等各种身体姿势，决定着观众对主播的第一印象，影响着观众对主播的整体评价。

正确的站姿

对于电商主播而言，正确的站姿应该是身体适当放松，自然表现出一种积极向上的状态，展示出个人的精神气质。具体训练方法如表5-1所示。

表5-1 电商主播站姿训练方法

站姿训练	具体方法
头部	头部保持端正自然，眼睛平视前方，不能仰视或俯视，仰视会让主播显得不太自信，俯视会让主播显得傲慢、不易接近。另外，主播的声音也会受到头部姿势的影响。上抬头部时，下巴会自然前伸，容易降低声音的圆润度；头部下低时，下巴回缩，上下颌闭紧，导致主播嗓子受到压迫，声音发闷、吐字不清、不能自然发声。因此，在直播过程中，主播必须端正头部，目光平视前方
肩部	为了让气息沉稳、声音圆润，主播应该保持肩部放松，将两肩自然摆好，让肩膀能够自由活动，不能耸肩或歪肩
胸部	自然舒展，稍稍含胸即可，不能过分挺胸或含胸。主播过分挺胸会显得傲慢，不易接近；过分含胸会让观众感觉主播缺乏自信，消极低沉
腰部和背部	腰部要立直，背部要挺直，要展示出年轻的面貌和昂扬的精神状态，不能驼背塌腰显得没有精神
腹部	腹部略微绷紧，不要过分收腹或用力让腹部外凸，以免给观众留下主播很紧张、不自然的不良印象

正确的坐姿

坐姿对头部、肩部、胸部、腰部和背部的要求与站姿相同，但坐姿不像站姿那样以前脚掌为重心，它的重心在臀部。坐姿的具体训练方法如表5-2所示。

表5-2 电商主播站姿训练方法

坐姿训练	具体方法
手臂	为了展示出自信积极的状态，主播应该将手臂自然地放在桌上，不能只依靠手臂支撑身体，同时为了避免出现耸肩与头颈后缩的情况，主播要将腰部与背部作为身体的支撑点，保持气息通畅，以便更好地发声
臀部	为了让背部挺直，腰部立直，建议主播坐下时将臀部置于椅子的前1/3处，以保证身体各部分能够更好地发力。将臀部作为重心，能够让主播坐得更稳。如果主播想要表现出热情积极的交流状态，可以将身体稍微前倾，注意脚部不要用力，保持重心平稳即可

正确的走路姿态

走路姿态对头部、肩部、胸部、腰部和背部的要求与站姿、坐姿相同，它是由站姿发展而来的，能够表现出主播在动作上的美感。作为一种身体语言，走路姿态对于展示个人气质与精神风貌有着至关重要的作用。因此，不论主播处于什么场景，都必须注重走姿的规范性，走姿的训练方法如表5-3所示。

表5-3 电商主播走姿训练方法

走姿训练	具体方法
双臂	为了保证双臂的雅观，主播在摆臂时要自然而然地前后摆动，不能到处甩臂或在身前乱摆，以免给观众留下不良印象
双腿	为了保证走姿的雅观，主播走路时要收紧双腿，两脚相隔约五厘米，膝盖直面前进方向。迈步时，将后脚脚掌作为发力点，将前脚脚跟作为落地点，注意保持腰挺直、背立直
腰部	腰部是整个身体的核心，行走时主播要根据腰部来把握身体重心的变化，走路时借助腰部的力量使身体前进。这样会让主播行走时更加平稳，上半身不容易摇晃，并且让主播看起来更有活力，能够表现出自信的状态。行走时，主播要放松腰部，伸直双腿，挺胸抬头，直视前方，手心向内，自然地前后摆动双臂，做到脚步轻盈且有节奏

行走时，主播在保持上半身稳定的同时，可以参照站姿标准，腰背要挺直，头部端正，两肩放松，前后自然摆臂；起步时，身体要基本保持正直，微向前倾，以前脚掌为重心，随后伸出脚尖，伸直前腿；行走时方向要稳定，双脚始终落在一条线的边缘。如果主播是女生，走姿必须要雅观，做到脚步轻盈、姿态曼妙，展现出女生独有的温柔。

主播练习走姿时可以在头顶放一本不太厚的书，从最初的站姿开始练习，掌握站姿后再练习走姿，练习过程中可以借助双臂保持平衡。练习时要注意，脚步轻便灵活的关键不在于膝关节，而在于通过大腿关节的运动来带动整个腿部的运动。

表情：向粉丝传递有温度的情感

主播在直播时要注意控制自己的面部表情，面部表情是由面部肌肉和骨骼的收缩运动形成的，面部肌肉又叫作表情肌。面部表情通过喜悦、冷面、专注、超然4种方式体现人类的情感。

例如，当主播做出喜悦的表情时，嘴角会上扬，眉毛呈平直状态，双眼则会眯成一条缝。主播的表情会在喜悦状态下呈现出丰富的变化，这与脸部肌肉的运动密切相关，这种表情会表现出高兴、欢欣、愉悦等多种情绪。

主播在直播时要注意控制自己的表情。表情训练可以采用一些科学的方法，遵循某种规律。

下面我们从眼、眉、鼻、嘴4个方面来阐述主播面部表情的训练方法，具体如表5-4所示。

表5-4 主播面部表情训练方法

面部表情	训练方法
眼睛	眼睛是交流的窗户，眼神在面部表情中占有很重要的地位，是整个头部的中心。主播在训练眼神时可以借助一面镜子，通过镜子发现自己的不足之处，勤加练习。假设自己正面对着镜头，在用眼睛传达某个思想： （1）练习时注意找到镜头的焦点，目光不要分散到其他地方，可以尝试只露出面部进行练习； （2）眼睛尽量睁大，表现出单纯朴质的样子； （3）丰富眼睛的情感内容，可以通过斜视让自己看起来通晓世故、不容侵犯
眉毛	（1）想要让自己看起来认真，就将眉毛下压； （2）想要让自己看起来生气，就将眉毛使劲下压； （3）想要让自己看起来得意，就将单侧眉毛抬高
鼻子	（1）主播如果是鹰钩鼻，可以将面部略微倾斜，能够减弱鹰钩鼻特征； （2）主播如果是宽鼻，可以经常捏鼻翼改善鼻形，或将面部侧转1/4，让鼻子显得窄一些
嘴巴	嘴部表情主要通过各种笑容来表现，主播可以利用自己习惯的所有笑容方式进行练习，例如，从抿嘴微笑慢慢变成露齿微笑，最后开怀大笑，或者顺序颠倒过来。笑容要表达各种真实的情感，要笑得自然，不能矫揉造作让人感到别扭，要学着将自己欢欣、尴尬、讥刺等各种情感完整地表现出来。主播如果要寻找创意丰富嘴部表情，不妨着眼于日常行为的各种细节，如唱歌、喊叫、嘟嘴、哭泣、吹口哨等，也许会有新的灵感涌现。 在所有面部表情中，主播使用次数最多的是微笑。那么，微笑的练习方法有哪些呢？ （1）笑容练习操 A.用手指按住嘴角两侧缓缓上推，动作持续十秒； B.嘴角慢慢上扬做露齿笑，动作持续十秒； C.嘴角放松让嘴巴尽量张大，深呼吸随后大笑，动作持续十秒； D.在手指的辅助下让面部肌肉运动起来，在笑和放松之间来回切换； E.结束上述动作后让面部肌肉松弛下来。 （2）笑容保持操 A.先放松嘴角做大笑表情，在手指的辅助下固定面部肌肉，动作持续十秒； B.略微收敛作开朗笑容，嘴角保持不动，动作持续十秒； C.笑容继续收敛化作微笑，动作持续十秒； D.微扬嘴角或者抿嘴微笑，动作持续十秒； E.最后做嘟嘴动作，在手指辅助下固定嘴角，动作持续十秒

声音：一开口就赢得粉丝的喜爱

许多新人电商主播没有意识到一个问题就是主播听到的自己的声音与观众听到的主播的声音是不同的，建议主播录下自己的声音感受一下，或许会对自己的声音感到震惊。

对自己的声音不够了解，或是对自己的声音缺乏自信，都会导致主播无法更好地掌控直播现场，因此主播要通过录音熟悉自己的音色，进而找到改进方法。虽然主播都清楚想要让自己的声音变得更有魅力、更有力量，必须进行大量的练习，但具体来看，主播要通过怎样的训练方法才能改变自己的声音呢？具体训练方法如表5-5所示。

表5-5 电商主播声音训练方法

声音训练	具体方法
口腔训练	声音是依靠声带振动发出的，口腔是声音传出的地方，因此声音训练要注重口腔的灵活度练习，下面提供几种口腔训练技巧。 （1）开合练习。这主要是针对口腔的练习，通过张开和闭合嘴巴来进行训练，让口腔能够张得更大。在训练过程中，让口腔上部努力向上，口腔下部固定不动，随后模拟啃咬的动作来闭合嘴巴，重复多次。 （2）双唇练习。这主要是针对双唇灵活度的练习，通过双唇前后左右、闭合以及旋转运动，让双唇更加灵活。 （3）舌头练习。这主要是针对舌头灵活度的练习，首先将嘴巴闭紧，将舌尖探到唇齿中间，随后进行转圈运动，转圈的方向可以先顺时针后逆时针，也可以先逆时针后顺时针，交替训练，反复练习
气息训练	气息训练可以改进主播的声音，气息的深厚程度决定着主播的声音能否始终保持平稳。这里有两种提升气息的练习方式。 （1）吸气和吐气训练。分三步走，一是深呼吸，气沉丹田，丹田即肚脐略下位置；二是屏气凝神，努力坚持较长时间；三是缓缓吐气，尽量将气吐净，如此反复练习。 （2）玩数枣的游戏。这种训练方法能够锻炼主播的肺活量，游戏很简单，深呼吸之后说道："出东门，过大桥，大桥底下一树枣。青的多，红的少。一个枣、二个枣、三个枣……"一直数下去，坚持时间越长越好，反复练习
音量训练	主播要进行音量训练，提高自己的声音响度，同时要注意配备较好的音响设备。 主播提高自己的音量非常简单，首先深呼吸，等到无法吸入更多空气时坚持一秒，随后大喊一声"哈"。这样就算主播没有尽全力吼叫，也能感受到自己的音量提高很多。 此外还有很多方法，主播可以找一个比较嘈杂的环境，朗读一段文字并努力让自己听清，让自己的声音尽量盖过其他声音；或者寻找一个相对开阔的地带，选定远处的一个目标物作为话语对象，为了让远距离的对象能够听到你的声音，你说话的音量就会不知不觉地加大

（续表）

声音训练	具体方法
语速训练	语速练习包括3个方面：变快训练、变慢训练以及停顿训练。 （1）变快训练。主播可以先阅读一篇文章，记录下阅读时长，然后用更快的速度再阅读一遍，不断缩短之前的阅读用时。也可以为自己限定一个时间，一分钟或三分钟，努力让自己读完一篇相对较长的稿子。在提高语速的同时，也不能忽略吐字的清晰，否则很难让观众明确接收自己传播的信息。 （2）变慢训练。有些主播的说话速度很快，导致观众无法跟上直播节奏，在这种情况下，主播必须想办法让语速变慢。想要降低语速，主播必须先让自己的心态平稳下来，因为越心急说话速度就越快。然后主播可以拿出自己已熟读的某篇直播稿，努力控制语速，用比之前慢40%~80%的速度重新读一遍，多次练习。 （3）停顿训练。这种训练的目的主要是锻炼主播的心态，提高主播的随机应变能力。如果主播在直播过程中出现停顿，会使自己的直播节奏被打断，从而造成紧张心态，所以很多主播都会努力避免停顿。但主播要做的不是避免停顿，而是不惧怕停顿。练习停顿的方法并不难，主播可以随手拿过一篇直播稿，讲稿时一句一顿，打破以往的连贯读稿模式，感受停顿造成的心态变化，克服停顿造成的紧张心理，正确对待停顿

手势：有效调动粉丝的情绪状态

肢体语言是主播感染观众情绪的主要方式，在主播需要掌握的肢体语言中，手势和表情、眼神一样，占据着极为重要的地位。手势包含的意思非常丰富，在日常生活中有广泛应用，在某些领域更是不可或缺，例如，交警依靠手势引导车辆通行，聋哑人依靠手势进行信息交流，足球场上的球员依靠特定手势传递配合信息等。

而在直播领域，手势也是提高直播感染力、吸引力的重要工具。因此，主播应该掌握一些必要的手势知识，根据直播内容做出恰当的手势。

下面我们来介绍几种主播在直播过程中常用的手势及运用技巧，如表5-6所示。

表5-6 电商主播手势运用技巧

手势类型	运用技巧
数字手势	当主播在谈到有关数字的东西时可以使用的这一类手势。例如，某件事情有4个点可以分享，主播就可以做一个"4"的手势
指示手势	当主播想要指出某位或某些观众时可以运用这一类手势。例如，主播所讲的内容涉及某位观众，就可以用手势指出这位观众。指示手势应用场合较为广泛，可搭配"这些、那些、前面、后面"等指示性词语使用
模拟手势	当主播在模拟各种动作时可以运用这一类手势。例如，主播在唱黄梅戏"比翼双飞待来年"时，便可以用两只手模拟一个飞翔的动作。模拟手势讲究神似而非形似，追求一种正确的感觉
抒情手势	当主播在表达感情时可以运用这一类手势。例如，在直播过程中，主播高兴时可以拍手称快，生气时可以双手挥拳，着急时可以两只手来回搓等
特殊手势	一种属于主播的独一无二的手势，大多是精心设计而成让别人一看到这个手势就会想到自己

最后，手势的运用还有几个注意事项。

- 主播可以通过手势展现自己的精神面貌。如果主播想要带给观众一种积极向上的感觉，或者表现出欢欣鼓舞的姿态，可以将手势置于肩部及以上，平常放在腰以上、肩以下的位置即可。但为了避免给人消极的感觉，主播尽量不要将手势摆在腰部以下位置。
- 手势的大小应该根据场面大小和人数的多少来调节，切忌场面小而手势大。
- 要把握好手势持续的时间，动作快慢适度，不能将手势一直停留在原处而忘记收回。
- 为了丰富直播的手势类型，主播应该多准备一些有趣的手势。
- 手势的使用要与其他肢体语言相通，贴合直播内容与情绪状态，做到自然顺畅、协调一致。

主播在形成自己的手势风格之前，不妨去借鉴学习其他主播的手势，取长补短，才能更好地来练习自己的手势。初步练习手势时也许会有种种不适应，感觉自己的手势做出来滑稽可笑，面对这种情况，主播不要沮丧，只要多加练习，适应之后就好了。

发型：营造自己最佳的视觉魅力

发型是否适合决定着主播能否给观众留下一个好的视觉印象，因此，主播必须高度重视自己的发型，清楚头发的长或短、直或卷，以及发色变化会给观众带来什么感觉。

主播要避免的发型"雷区"

无论哪种脸型，只要搭配的刘海不合适，脸型的缺点就会很大限度地暴露出来。因此，为了更好地掩盖脸型的缺点，主播要注意避免一些发型"雷区"，具体如表5-7所示。

表5-7 主播需要避免的发型"雷区"

序号	发型"雷区"
1	主播如果脸型较长，必须避免中分刘海，发尾尤其不能剪成蓬松的碎发造型，否则会让脸看上去更长
2	主播如果是倒三角形脸，注意不能剪宽刘海，否则会让脸的上部显得更宽，下部显得更尖
3	主播的脸如果是短下巴型，要避免空气刘海和中分刘海，否则会让观众感觉你的脸部很短，而且发量不多，额头也不够饱满，视觉效果不佳
4	主播如果是方形脸，要避免过于整齐的发型，刘海不能太平，否则会造成脸很方的视觉感
5	如果主播的额头较大，要注意用刘海遮一下前额，不要让额头全露出来，以免影响整体美感
6	主播如果是圆形脸，最好不要剪短发，刘海也不能太齐或太长，否则脸看起来会更圆

常见脸型适合的发型

（1）长脸型

脸型偏长的主播可以搭配各式各样的刘海，如空气刘海、法式刘海、微风刘海、齐刘海等，这样不仅能让脸型看起来不那么长，还能在整体上提高自己的颜值。另外，如果主播想要让脸看起来更小一些，蓬松式发型也是不错的选择。

（2）倒三角形脸

倒三角形脸又叫心形脸，脸型上宽下窄，发型选择上需要注意遮住前额，突显下巴宽度。具体发型可以选择俏皮短卷发，长度最好略超下巴两厘米，同时为了让下巴看起来不那么窄，发尾要向内弯曲。

（3）方脸型

脸型偏方的主播需要注意借助发型来减弱自己的脸部特征，让自己的脸不要露出太多，适当遮住脸部两颊。同时，偏方的脸型棱角分明，选择的发型要具有一定的柔和度，来中和脸部的棱角。在这里建议发脸型主播搭配一些长发发型，如长卷发、长斜刘海、斜边扎发等。

（4）瓜子脸

瓜子脸的主播可以轻松驾驭多种发型。唯一需要注意的是，瓜子脸下巴比较瘦，为了避免看起来太过瘦削，主播需要在直播前将头发弄得蓬松一些，不要遮住下巴。

（5）圆脸型

脸型偏圆的女主播最好选择一些能够让脸型看起来更显长的蓬松卷发，如大波浪卷发、公主烫、芭比烫等。注意不要选择中分直发，否则会让脸显得更圆。

第 6 章

粉丝互动：主播"吸粉"引流实战技巧

直播节奏：让整场直播张弛有度

对于主播来说，虽然需要在直播中展示自己的"才"和"颜"，但如果把握不好时机，很难取得较好的展示效果。因此主播必须掌控自己的直播节奏，直播时做到张弛有度、随机应变。下面以一场120分钟的直播为例，对直播时间的分配、直播节奏的掌控进行探究，如表6-1所示。

表6-1 直播时间、直播节奏掌控范例

时间	任务
开播前10分钟	以互动为首要任务。主播可以问候来到直播间的老粉丝，适当开开玩笑；向新用户介绍自己，加深他们对自己的印象，对他们的观看或关注表示欢迎和感谢
15~40分钟	以展示产品为首要任务。主播要向购买产品的粉丝表示感谢。直播时间较短的新主播，前期可能会面临缺乏人气的问题，面对这种情况，主播要按照直播流程介绍产品，展现自己的直播特色，保持一个良好的精神面貌，努力积攒人气。如果主播缺乏自信，状态低沉，很难吸引粉丝或游客。所以，无论面对什么情况，主播一定不能气馁，要以昂扬的精神面貌欢迎观众与粉丝
40~60分钟	以互动聊天为首要任务。主播想要拉近与粉丝的距离，最好的方式就是聊天互动。为了让直播间聊天互动的氛围更活跃，让直播内容更充实，建议主播在平常多积累热点信息，收集趣味故事，将其应用于互动聊天中。主播也可以选择参加"主播PK"，借此吸引更多观众，积攒更多人气
60~70分钟	建议插入游戏版块。主播可以发起如词语接龙、脑筋急转弯、大转盘等小游戏，来活跃直播间的气氛
70~100分钟	再次回到商品展示。游戏结束，直播间的气氛达到顶点，一些观众会选择关注主播，此时主播可以询问他们对这场直播的想法，例如，最喜欢哪款产品，最想要哪款商品等，选出几款人气最高的商品作为福利，回馈粉丝
结束前20分钟	在互动聊天中结束直播。为了保持自己的人气和粉丝量，主播千万不要在直播的最后20分钟冷落粉丝。如果直播一结束主播就退出直播，丢下热情满满的观众与粉丝，肯定引起众多粉丝与观众的反感，给他们留下没有礼貌的不良印象，导致之前努力直播所积累的人气迅速消散。主播要明白一点，能够陪你直播结束的粉丝大多是最真诚的粉丝，应该更加认真地对待，与粉丝聊一些更轻松愉快的话题，真诚地感谢所有观看直播的人，感谢购买商品的人，感谢所有关注与支持自己的人
最后3分钟	主播要将下一场直播的时间与内容发布在预告页面，一方面留住"真爱粉"，另一方面通过宣传吸引更多游客

互动"吸粉"：拉近与粉丝的距离

主播想要吸引更多粉丝关注，必须拉近与粉丝的距离，可采用的方法有5种，如图6-1所示。

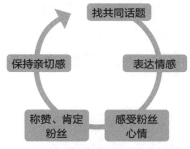

图6-1 主播拉近与粉丝距离的5种方法

找共同话题

主播想要引起观众共鸣，必须寻找一些共同话题。当主播在直播间与观众聊天交流时，可以注意一下哪些话题能够让观众表现得更加热情，然后将这些话题记在心中，直播结束后收集一下与此类话题相关的信息，以便下次直播时能够与观众更好地互动。

因此，主播在开播前需要预先积累一些话题，话题的覆盖范围要尽量广泛一些，游戏、体育、读书、美食等。这样主播才能在观众谈到这些话题时有话可说，让观众感觉你与他之间有相同话题，进而在无形中拉近彼此的距离。

表达情感

主播要表达出积极、正能量的情感。例如，主播可以说"我感觉""我认为""要是我的话"等话语，告诉观众自己的理解与感受，展示自己的三观，让观众了解自己的个性与爱好，从而增进彼此间的了解，拉近彼此间的距离。

感受粉丝心情

主播要顾及观众的感受与心情。例如主播可以说"你感觉""你认为""要是你的话"等话语，询问观众的观点，向观众表明自己很在乎他们的感受。

称赞、肯定粉丝

每个人都会因为别人的称赞与肯定感到喜悦，尤其是经常在直播间购买商品的老粉丝，当他们听到主播对他们的称赞，会获得一种心理满足感，会感到自己与主播的距离更近一步。

因此，主播在直播时可以说"太厉害啦""你真棒"之类的话，通过放大观众的某个闪光点、优点，让观众感到主播的肯定与喜爱，从而在心理上拉近与主播的距离。需要注意的是，主播对观众的称赞必须真心实意，否则很容易给观众留下虚伪的不良印象。

保持亲切感

主播想要保持亲切感，必须做好6个方面，如表6-2所示。

表6-2 主播保持亲切感的6个方面

方面	具体内容
1	微笑欢迎刚来到直播间的每位游客，说话时语调尽量放缓，嘴角自然扬起，展现出平易近人的姿态
2	在交流过程中将自己的姿态放低，不能太强势，必须让观众感到主播是在以平等的态度与他们沟通，同时要学会倾听观众的想法，并适时说出自己的观点
3	询问观众的兴趣爱好，并适时说出自己关于这种兴趣爱好的经历，通过相同的兴趣爱好拉近彼此间的距离
4	为稳定与粉丝之间的关系，主播要对所有粉丝保持热情的态度，尤其注意不能冷落了刚关注自己的粉丝
5	不要立马反驳与自己持不同意见的观众，要尊重他们的意见与感受，委婉地表达自己的见解
6	主播不能私下说人坏话，否则可能让粉丝觉得你很虚伪，从而产生反感

避免冷场：主播聊天话术的技巧

主播在直播过程中最担心的一个问题就是直播间突然变得冷清，这时候就要绞尽脑汁地寻找合适的话题，让直播间的气氛活跃起来，这是对主播的临场应变能力以及情商的双重考验。

尽管每位电商主播都有自己的聊天风格，而且每天的直播内容也不尽相同，但是最好的聊天方式无疑是和粉丝讨论大家都感兴趣的话题，让每个人都可以畅所欲言，让直播间的气氛瞬间被点燃。因此，主播想要在缺少话题的情况下活跃直播间气氛，可以借鉴6个小技巧，如图6-2所示。

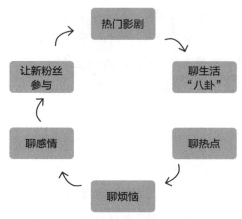

图6-2 主播避免冷场的6个小技巧

聊热门影剧

几乎所有粉丝都会收看热门的影视节目或综艺节目。例如，主播可以询问粉丝最近看过哪些综艺节目，有哪些影视剧作品值得一看，可以简单谈谈自己的观剧体验，把心得感受分享给大家。同时，主播不能一味地发言，要引导粉丝参与进来，适时阅读和点评粉丝的精彩留言，激发粉丝参与互动的意愿。

聊生活"八卦"

人都是爱好"八卦"的动物。粉丝进入电商直播间可能不是为了购买商品，而是为了放松休闲。没有粉丝喜欢听主播长篇大论地说教，聊"八卦"既简单热闹，又能帮助粉丝将平日积累的情绪和压力释放出来。

在话题方面，主播可以拿自己比较熟悉的主播同行进行调侃，也可以聊最近受欢迎的明星偶像。例如"哪一位艺人结婚了""自己的朋友体重又长了""某某发新歌了"等。需要注意的是，主播在讨论公共人物的话题时不要越界，注意言语得当，以免招致不必要的麻烦。

聊热点

热点也是不错的话题。所谓热点就是当天或最近几天关注人数较多的话题。主播获取热点的途径有很多，各大新闻App推送的热点新闻，抖音、快手等短视频软件提供的最新鲜的热门话题等。对于主播来说，聊热点可以让尽可能多的粉丝参与到与你的互动中去。

如果主播没有积累到足够数量的粉丝，又或者粉丝数量太多以至于无法照顾到每个人的情绪时，可以看看微博、知乎等社交平台的热搜榜，了解一下大部分人都在关注什么，然后从中选择自己比较熟悉的领域作为与粉丝互动的主要内容。一般情况下，在谈论热点时，主播要保持中立的态度，以免挑起事端，陷入被动。

聊烦恼

人们常说"青丝千万，烦恼不断。"在现实生活中，每个人都有自己的烦心事。因此，主播和粉丝聊一聊生活中的烦恼一定能引发大家的共鸣。主播也可以把自己的烦恼与粉丝分享，让粉丝感觉主播更加亲切，鼓励粉丝畅所欲言，尽情说出自己的烦恼。

需要注意的是，主播要聊大家都会感到烦恼的事情，例如，"不会穿衣打扮""减肥永远不成功""化妆被人嘲笑"等。在粉丝发泄完之后，趁机分享解决这些烦恼的小诀窍，让粉丝感受到你的专业性。

聊感情生活

主播与粉丝讨论感情生活永远不会出错。电商主播可以鼓励粉丝分享自己的情感经历，有的人在感情上屡次受挫，有的人会遇到美满的爱情。面对感情之路不顺的粉丝，主播可以耐心开导，安慰他们。面对感情生活融洽的粉丝，主播可以从中提炼出生活感悟和感情启示分享给粉丝。如果主播自己也有相似的情感烦恼，可以阅读一些中肯的留言，感谢他们的指导和建议，让粉丝感受到你的感激和用心。

让新粉丝参与

有时候，直播出现冷场不是因为缺少话题，而是无法让新来的粉丝融入。如果主播一味地和老粉丝攀谈，只聊一些老粉丝感兴趣的话题，只会打击新粉丝参与话题讨论的积极性，出现"老粉丝无话不谈，新粉丝无所适从"的局面。长此以往，主播的粉丝数量很难获得大幅增长，也无法获得平台方的推广机会。

谨防"雷区"：不受欢迎的主播类型

电商直播的准入门槛较低，每个人都能成为一名主播，只不过有的人适合做主播，而有的人不太适合而已。我们需要将"能不能"与"适不适合"区分开来。

做一名电商主播说难也难，说易也易。容易的地方在于只要申请一个主播号，准备好直播间、直播设备、售卖商品就可以；难的地方在于，必须积累丰富的经验，储备大量关于直播的知识，只有这样才能成为一名高人气、高收入的优秀主播。

电商主播需要经过长时间的积累与磨炼才能取得瞩目的成绩。所以主播最好不要存在一夜成名、一夜暴富的念头，只有踏踏实实积累直播经验，努力掌握吸引观众、增加粉丝的技巧，承受各种压力，长期坚持，才有可能成为一名头部电商主播。

在电商主播领域，有几种不太受欢迎的主播类型，主播最好不要触碰，如表6-3所示。

表6-3 不受欢迎的6种主播类型

不受欢迎的主播类型	具体表现
内向自闭	作为一名电商主播，要懂得怎样与观众沟通交流，以及如何更好地与粉丝互动，只有这样才能深入地了解观众，吸引更多粉丝，积聚更多人气。如果主播过于内向或自闭，直播时说话断断续续，不知道如何回答观众的提问，不知道如何与观众互动，就说明他（她）确实不适合做主播
脾气暴躁	性格暴躁的主播受到他人恶意批评或攻击时往往不能控制自己的情绪，会立刻展开回击，甚至会牵连到无辜的粉丝。如果发生这种情况，直播间就会给其他观众留下极差的观感，导致粉丝流失
缺乏耐心	大多数人选择做电商主播的主要目的就是赚钱。因此当很多人，尤其是新人发现辛苦一个月没有拿到理想的工资之后，就会对直播失去耐心。其实，直播本身就是一个积累的过程，只有一点点地累积人气、累积粉丝，才能慢慢增加自己的收入
没有时间观念	有些电商主播不将直播放在心上，已经到了开播时间却迟迟不出现，让粉丝和观众一直等待。还有些电商主播播一天、休息两天，是否上播全看自己心情。这种没有时间观念的主播，即使自身再优秀，粉丝数量再多，也会慢慢失去人气。因为观众不会完全迁就主播的时间，他们有自己固定的上网时间，如果主播屡次爽约，就会让观众渐渐地感到失望，彻底离开直播间
不懂变通	有些主播不懂变通，有时会引起观众反感。例如，粉丝希望主播设置一些奖品或福利，主播却只想完成当日的直播目标，承诺粉丝在目标完成后再送奖品或福利，给粉丝留下过于功利的不良印象。其实，电商直播间送礼品、送福利已经成为一个不成文的规定，主播不必在意送福利的时间，只要粉丝开心，能够激发粉丝购物的积极性即可
好高骛远	许多电商主播都存在"我明明哪里都不错，为什么会不如大主播"之类的想法，尤其是很多新人主播，刚做带货直播没多久就好高骛远，不安于现状。对于新人电商主播来说，这种心态非常危险。新人主播必须稳重谦虚，脚踏实地地做直播，多看大主播的直播，取长补短，不断提升自己的带货技能，争取早日实现自己的预期目标

第 7 章

MCN机构运营：招募、孵化与培养主播

盈利模式：MCN机构的运营玩法

经过多年发展，我国MCN产业已经成为一个百亿元级别的庞大市场，步入商业变现期，头部效应突显，头部MCN机构创造的营收在整个市场营收中的占比达到了60%。在地域分布方面，我国MCN机构主要分布在经济发达的北京、上海、广州、深圳等城市。

MCN产业链涵盖了内容生产、运营、营销、电商、"网红经济"、知识付费、IP运营等诸多环节。广大MCN机构依托自身资源优势，从产业链各环节切入，形成了丰富多元的MCN业态，助推整个行业迈向繁荣。具体来看，MCN机构的盈利模式主要有7种，如图7-1所示。

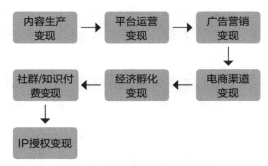

图7-1 MCN机构的7种盈利模式

盈利模式一：内容生产变现

内容生产型MCN机构专注于内容创作，积极打造内容IP。二更、新片场、小题影视、罐头视频、三感video等都是典型的内容生产型MCN机构。依托自身的专业生产能力，这类MCN机构建立了相对成熟的内容专栏，例如，小题影视打造了《十二位房客》，罐头视频打造了同名栏目《罐头视频》，三感video打造了《三感故事》等。

盈利模式二：平台运营变现

运营型MCN机构对账号变现具有非常重要的影响，运营范围主要有内容运营、账号运营、平台运营等。其中，内容运营涵盖选题策划、内容策划、内容传播等；账号运营涵盖了账号定位、矩阵打造、粉丝运营；平台运营涵盖了平台战略规划、内容分发等。运营型MCN机构包括洋葱视频、大禹网络、末那传媒、蜂群文化等。

盈利模式三：广告营销变现

广告是MCN机构变现的主要模式，因此，营销型MCN机构在变现方面有一定的领先优势。这类MCN机构的主要运营模式是通过整合自身的渠道资源（如社交媒体等），为品牌商提供综合性营销解决方案，帮助品牌商高效触达目标用户，推动其成交获客。营销型MCN机构包括飞博共创、青藤文化、橘子娱乐等。

盈利模式四：电商渠道变现

电商型MCN机构依托内容引流"吸粉"，然后借助电商渠道完成变现。这类MCN机构在积极培育"网红"及打造IP的同时，更加注重推出迎合粉丝个性化需求的商品。从变现效率和客单价角度来看，电商变现比广告变现更具优势。根据变现核心驱动力的差异，电商型MCN机构可以进一步细分为红人电商型MCN机构（核心驱动力是"网红"）与内容电商型MCN机构（核心驱动力是内容），前者代表机构主要有如涵控股、达人说、杭州宸帆、美one；后者代表机构主要有洋葱视频、鹿角熊、微念、有狐文化、军武科技等。以李佳琦所在的美one为例，其变现流程如图7-2所示。

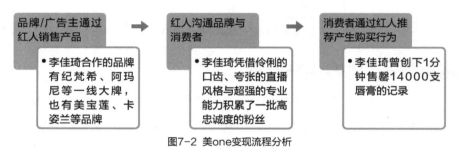

图7-2 美one变现流程分析

盈利模式五：经纪孵化变现

经纪型MCN机构可以为"网红"提供内容生产、营销推广、商务拓展等服务，从而提高其粉丝量及影响力，并帮助其完成变现。该类MCN机构通常会签约大量有潜力的自媒体账号，然后充分利用自己专业化、流程化的运营体系，缩短"网红"成长周期，利用广告、IP授权、电商等方式进行变现。经纪型MCN机构主要包括Papitube、无忧传媒、贝壳视频、星匠联盟等。以Papitube为例，Papitube拥有强娱乐基因，致力于从经纪业态发展为多业态组合，如图7-3所示。

孵化+经济+营销业态	2018年Papitube100多个账号共接了160个品牌广告，发展至今，Papitube尝试业态组合拳发力，提升变现效率
签约形态	• 商业全约 • 艺人约 • 商务约
经纪业态，强娱乐垂直化运营	签约博主都有观众缘，"脑洞"大，从红人身上挖掘"记忆点"，再通过垂直化运营、有效推广，将红人的个性特点加以放大

图7-3 Papitube的变现模式分析

盈利模式六：社群/知识付费变现

社群/知识付费业态型MCN机构主要是在粉丝社群中筛选高价值粉丝，然后通过开发高价值内容产品（如图书、付费内容、影视作品等）完成变现。这类MCN机构主要有米未传媒、灵魂有香气的女子等。以米未传媒为例，米未传媒致力于互联网内容的生产、开发与衍生，以互联网内容生产平台建设与优质内容开发为业务核心，致力于打造年轻人热爱的生活方式品牌，如图7-4所示。

网络综艺节目	付费音频产品	游戏产品	艺人经纪
•《奇葩说》 •《奇葩大会》 •《饭局的诱惑》系列 •《黑白星球》	•《好好说话》 •《小学问》 •《康永哥的情商课》 •《马东的职场B计划》	"饭局狼人杀"App	近20位艺人的商业活动

图7-4 米未传媒的变现模式分析

盈利模式七：IP授权变现

IP授权/版权型MCN机构主要利用内容产品及品牌打造来积累IP资源，然后通过形象IP授权、线下漫展、衍生品开发等方式进行变现。这类MCN机构有大禹、幕星社、吾皇的白茶、十二栋文化等，如图7-5所示。

吾皇的白茶
深受中国年轻人喜欢的温情萌宠绘本
《就喜欢你看不惯我又干不掉我的样子》系列

陈缘风
漫画作品《和女儿的日常》
动画作品《盒子》

一禅小和尚
以一禅小和尚IP为核心，现已衍生出高清3D动画、水墨长幅条漫、漫画出版物、表情包、壁纸、礼品周边等多种内容形式

图7-5 IP变现模式分析

不难发现，不同MCN机构在核心业务、发展策略等方面存在一定的差异，但为了赢得更多用户的支持与信任，进一步提高自身的变现能力，大部分MCN机构采用了多种业态相结合的运营模式。内容与运营作为MCN产业链的基础环节受到了MCN机构的高度重视，迎合了内容产业的主流发展趋势。

招募：如何挖掘优秀的新人主播

人是企业发展的重要驱动力，对于MCN机构也是如此。高质量主播是MCN机构的核心资产，于是，招聘主播便成为MCN机构运营的关键一环。招聘主播时，MCN机构不仅要注意提高招聘效率，更要注重招聘质量，这就对招聘渠道的选择提出了较高的要求。那么，招聘新人主播时，MCN机构可以选择哪些招聘渠道呢？目前，常见的主播招聘渠道主要有7种，如图7-6所示。

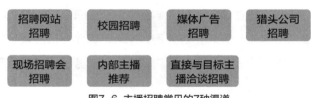

图7-6 主播招聘常见的7种渠道

招聘网站招聘

网络招聘是一种植根于互联网的招聘渠道，借助互联网传播速度快、覆盖范围广的优势，MCN机构可以将招聘信息快速、低成本地推送给全国各地的网民。MCN机构的招聘人员可以将招聘需求投放到各大网络招聘平台中，利用招聘平台提供的工具对简历进行筛选，经过面试招募到合适的主播。当然，这种招聘方式也存在一定的问题，例如，无法控制应聘者的数量与质量，海量的求职简历与求职电话给招聘人员带来诸多困扰。

校园招聘

MCN机构可以通过参加校园招聘会招聘一些合适的应届毕业生进行培养。校园招聘的优势有：应届毕业生学习能力较强，可以快速接受新鲜事物；可塑性强，容易接受MCN机构的企业文化。此外，MCN机构还可以与学校合作，请学校为自己定向培养人才。不过，校园招聘也有一定的劣势，例如，学生职业化水平较低，稳定性较差，需要MCN机构投入较高的成本进行专业培训。

媒体广告招聘

媒体广告招聘是一种非常常见的电商主播招聘渠道，媒体选择以新媒体平台为主，如微博、微信、抖音、快手、今日头条等，这些大流量的新媒体平台可以帮助MCN机构招募到合适的电商主播。MCN机构使用媒体广告进行招聘，可以使用平台的付费广告，也可以使用免费的软文广告。新媒体平台流量大，曝光率高，不但能为MCN机构招聘新人，还能提高MCN机构的知名度。不过与招聘网站招聘相似，这种招聘方式精准度比较低，需要招聘人员耗费大量精力处理不符合需求的求职信息。

内部主播推荐

这种招聘渠道是指通过MCN机构现有主播推荐进行招聘，由于主播自带流量，MCN机构可以在其粉丝群或公众号发布招聘信息，吸引新人加入。这种招聘方式不需要太多成本，但选择空间较小，可能找不到足够的人才。

现场招聘会招聘

现场招聘会是一种较为传统的招聘渠道。MCN机构利用这种招聘渠道进行招聘，招聘人员可以和求职者面对面交流，充分展示自身优势，吸引合适人才。对于不符合条件的招聘者，招聘人员可以直接将其淘汰。这种招聘方式的短板在于求职者人数严重依赖于举办方的推广力度，如果举办方的推广力度较低，招聘人员选择空间就非常有限，甚至招不到合适的人才。

猎头公司招聘

专业的猎头公司拥有强大的人才库与关系网，可以快速高效地为MCN机构招聘到合适的新人主播，但招聘费用较高，适合招聘潜力较大或者已经成名的电商主播。

直接与目标主播洽谈招聘

MCN机构的招聘人员在主播聚集的各类平台筛选合适的主播，找到合适的人才后与之沟通，尝试吸引其加入。这种招聘方式效率较低，对招聘人员的沟通能力、应变能力、心理素质等提出了较高的要求。

筛选：如何评判主播的商业价值

随着电商主播的数量越来越多，在互联网环境下，我们应该如何判断一位电商主播的商业价值呢？具体来看，评判指标主要有4个，如图7-7所示。

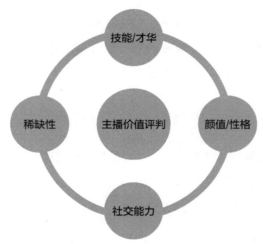

图7-7 主播商业价值评判的4个指标

技能/才华

首先，电商主播必须具备一些技能或才华，这是他/她的核心竞争力，如唱歌、跳舞、打游戏等。只有这样，电商主播才有可能通过直播吸引粉丝，为粉丝传播快乐，帮助粉丝消磨闲暇时间。当然，这个行业基准线不是固定不变的，而是处在动态平衡状态。电商主播的才艺水平是否达到行业标准，最终都会由市场衡量。

颜值/性格

在目前潮流中"颜值"早已无法简单地用"美丑"来评定。如果大家经常观看综艺节目，就会发现一个新的热词——观众缘。有些人虽然相貌平平，但长相讨喜，性格独特，也能收获大量粉丝，提升自己的商业价值。电商主播也是如此，如果没有太多才艺，长相也并不出众，就只能从性格着手，给自己打造一个讨喜的"人设"，吸引粉丝，提升自己的商业价值。

社交能力

社交能力会直接影响电商主播的商业价值。对于电商主播来说，社交能力越强，拥有的社交货币就越多。评判电商主播社交能力的标准有很多，包括不怯场、会接话、能接梗、幽默风趣、可以迅速和粉丝打成一片等。

如果一位电商主播在直播过程中吞吞吐吐，面对粉丝的调侃恼羞成怒，又怎么能源源不断地吸引粉丝，壮大自己的粉丝队伍，提升自己的商业价值呢？其实，这一点与互联网产品的思维是相通的，一个好的互联网产品可以产生很多话题。

例如，抖音每天都在产生话题，获得广泛的关注。抖音就是依靠强大的内容生产能力来丰富自己的社交资产，提升品牌价值。电商主播也应该如此，通过不断增强社交能力来拓展内容，提升自己的商业价值。

稀缺性

对于电商主播来说，稀缺性（也可叫作独特性）非常重要。新人主播想要提升自己的商业价值，必须具备一些独特性，也应该知道如何利用自身的独特性来吸引粉丝，占领粉丝心智。想要做到这一点，电商主播不仅要了解大众的敏感点、兴奋点与记忆点，解决受众的痛点，还要成功击中其痒点，让受众获得超出预期的体验与惊喜。

例如，papi酱的幽默搞笑、独特的吐槽方式，抖音红人"贫穷料理"独特的语言风格与内容画面，都是吸引粉丝，提升自己商业价值的秘密武器。

如果电商主播上述4个指标都表现比较优异，但商业价值仍未体现出来，就需要用到"增维理论"。也就是具备多项才能，例如既会唱歌、又会跳舞，可以讲笑话活跃直播间气氛，在社交平台与粉丝互动等。凭借这些技能，主播一定能够吸引一批粉丝，提升自己的商业价值。

签约：如何与新人主播签订合同

招聘到合适的新人主播后，MCN机构需要与新人主播签署经纪合同，确保双方的合作合法、合规。新人主播与MCN机构签署合同后，可以享受MCN机构提供的各种经纪服务，如宣传、妆发、品牌管理、粉丝管理、财务税务、商务谈判、法律服务、出行服务、个人生活管理服务等，同时也要源源不断地为MCN机构创造商业价值。

那么，MCN机构与新人主播签订经纪合同有哪几类？经纪合同有哪些条款？签订经纪合同有哪些注意事项呢？下面对这几个问题进行简单分析。

合同种类

目前，MCN机构与新人主播签订合同时，签订的合同主要包括两种类型，如表7-1所示。

表7-1 MCN机构与新人主播签约的两种合同类型

合同类型	具体内容	优缺点
全约艺人合同	艺人全约指的是新人主播所有的活动全部由MCN机构安排，在合约期内，MCN机构优先代理涉及新人主播的个人形象、肖像权、名誉权、著作权等及其使用的一切活动，相应的，MCN机构要为艺人提供个人品牌运营、商标设计注册等各种经纪服务	这种合同对新人主播限制较多，如果新人主播要单方面解约，往往要支付高额违约金
签约艺人合同	签约艺人合同是指MCN机构与新人主播就其中某项或几项签署合约，例如，仅签署直播合同或仅签署短视频合同等	签署这种合同的主播自由度相对较高，除了签约的MCN机构之外，还可以与其他MCN机构签署其他合同

合同主要条款

MCN机构与新人主播签署的经纪合同主要涉及以下条款：

（1）经纪范围与内容；

（2）合同期限；

（3）MCN机构的权利与义务；

（4）新人主播的权利与义务；

（5）收益分配；

（6）合约双方的承诺与保证；

（7）合同解除；

（8）违约责任；

（9）知识产权；

（10）其他条款。

合同签订注意事项

新人主播与经纪公司因合同问题对簿公堂的情况比较常见。为避免合同纠纷，MCN机构在与新人主播签订合同时必须注意一些事项，如表7-2所示。

表7-2 MCN机构在与新人主播签订合同的注意事项

注意事项	具体内容
确保合同主体的有效性	判断合同主体是否有资格签订合同，需要MCN机构从新人主播的年龄、民事行为能力、授权资格等方面进行确认。要符合国家法律条文的相关规定
明确双方的权利与义务	MCN机构与新人主播签订经纪合同时，必须对双方的权利与义务进行明确，例如：MCN机构的权利包括经纪权、对新人主播的监督管理权等，义务主要有维护新人主播的形象、对新人主播进行包装宣传、按时支付新人主播薪酬等；新人主播的权利主要有直播活动的知情权、建议权、经纪人使用及更换权，收益分成权等、义务主要有参加MCN机构培训、完成MCN机构安排的活动、个人重大事项要与MCN机构协商等
明确利益分配	明确双方可以分配的收益范围，如直播、广告等权益收益以及相关作品知识产权收益；明确双方收益分配比例，例如，直播合同收益按照MCN机构60%，新人主播40%分配等
约定违约责任	约定违约责任时，MCN机构应该对违约条款进行细化，以便对双方形成更强的约束力。一旦新人主播违约，MCN机构可以更高效、更合理地维权。同时，MCN机构在约定违约责任时，还应该明确争议解决方案，降低争议解决成本。需要指出的是，约定违约责任并非越高越好，因为超出损失130%的违约赔偿诉求通常得不到法院支持

孵化：新人主播的七天"帮带计划"

为了让新人主播可以快速熟悉直播流程，掌握直播技巧，尽快成为一名成熟、合格的主播，MCN机构可以制定七天"帮带计划"，对新人主播进行为期七天的培训，具体时间安排与培训内容如表7-3所示。

表7-3 新人主播七天"帮带计划"

时间	任务
第一天	（1）注册账号：注册账号，完成实名认证，更换头像，加入平台公会。邀请新人加入新人群，协助新人主播拍摄小视频 （2）给新人主播讲述平台的扶持政策，为其介绍直播设备，进行试播。首场试播时间不得短于1小时，可以根据主播的状态进行调整 （3）观看直播，发现新人主播因为不适应导致直播间气氛尴尬或沉闷时，要及时进场协助，化解尴尬气氛。如果新人主播在直播过程中出现错误，下播后要及时指正，多夸奖、多鼓励，帮助新人主播树立自信 （4）初步定位直播风格与内容，如搞笑类、才艺类、脱口秀类等
第二天	（1）告诉新人主播开场前半小时做好暖场工作，帮助新人主播调整服装、灯光、角度、站姿、坐姿等，让其展现出一个更好的形象 （2）设备使用：教新人主播调试设备，告诉新人主播设备维护方法，向其传授一些直播话术以及如何与粉丝互动等 （3）将新人主播的开播时间安排在上午，单场直播时间要超过5小时

（续表）

时间	任务
第三天	（1）开播前，运营人员要帮新人主播调整服装与妆容，修正坐姿或站姿，测试设备，为开播做好准备 （2）新人主播信息建档，将直播视频及截图保存下来 （3）开播。运营人员对开播后30分钟和结束前30分钟的直播画面进行录屏，观看整场直播，发现主播存在的问题 （4）11∶00下播，吃饭休息 （5）17:00到公司，运营人员和主播一起观看录屏，发现其中存在的问题，指导主播改正 （6）18:00开播，将直播过程中存在的问题截图保存，通过微信与主播实时沟通 （7）21:30下播，运营人员要和新人主播一起进行复盘总结，确定第二天的直播内容、服装与妆容
第四天~ 第六天	（1）确定直播时间与时长，对直播开始后30分钟与结束前30分钟的直播画面进行录屏，对新人主播的直播过程进行实时监控。下播后，及时与新人主播沟通直播过程中存在的问题，将当天的直播状态、直播效果与前一天进行对比 （2）对直播间的固定粉丝进行分析，选择合适的时间让公司账号进场 （3）收益达到PK要求后，跟进培训PK教学 （4）选拔出优秀的主播，交由总公司进行包装及热门推荐 （5）下播后，了解主播的直播感受，进行心理辅导，给予支持鼓励
第七天	（1）对新人进行考核鉴定，考核内容包括新人主播的工作态度、直播间状态、线下沟通情况、设备应用情况等，根据这些将其评定为上进型或非上进型主播 （2）等级评定后，根据主播类型为其分配直播资源

培养：帮助新人主播提升开播量

电商主播收益与开播时长成正比，开播时长越长，主播收益越高。如果主播开播不稳定，MCN机构培训人员要及时了解原因，帮助主播解决直播过程中遇到的困难，督促主播每天准时开播，保证直播时长，保持活跃度。具体来看，影响主播活跃度的原因大致有两点，如图7-8所示。

图7-8 影响主播活跃度的两大原因

和预期不一致

很多新人主播在入行前,被电商主播行业高额的报酬、舒适的工作环境、时尚的外表所迷惑,以为自己只要站在镜头前向观众展示商品,和观众聊聊天就能轻松获得高额收入。实际情况却并非如此,电商直播行业的竞争非常激烈,有的电商主播即便付出诸多努力依然不如其他主播的收入高,从而产生不平衡心理,陷入了自我怀疑:"究竟是否应该在这个行业继续下去?""我这么努力,为什么不能获得更多回报?"随着这样的想法越来越多,主播产生消极态度,不再开播。

MCN机构培训人员一旦发现主播出现这种心态,要及时结合之前的培训内容与主播沟通,告诉主播做任何事情,只要做得好就一定能够获得正向反馈,直播也是一样。如果直播内容有趣、有价值,就能够吸引一批高忠诚度的粉丝,只要做好粉丝维护,就能销售更多商品,获得比较高的收入。

抗拒心理

如果新人主播的性格比较内向,很容易产生抗拒心理,放不开、不自信,甚至自卑。但只要没有离开这个行业,就说明他还有一定的上进心,渴望克服这些困难,实现更好的成长与发展。

很多时候,只有受到伤害才能成长。新人主播为了避免受到伤害,往往会选择将自己包裹起来,拒绝在镜头前展示自己。例如,在直播过程中不知道如何与粉丝沟通,临场应变能力较差,遇到直播冷场不知道如何处理等。

对于这类主播,MCN机构培训人员可以多安排一些培训,创建一个直播场景,让新人主播练习如何与粉丝打招呼,如何向粉丝介绍产品,设置一些突发情况告诉主播应该如何应对,让主播不断地重复类似的行为,直到熟练掌握。在这个过程中,新人主播会慢慢适应直播环境,克服紧张与焦虑,在镜头前自如地展现自己。

总而言之,无论新人主播因为什么原因导致活跃率低,只要他还没有离开直播领域,MCN机构培训人员就要尽快找到原因,帮主播解决问题、克服困难,增强自信,稳定开播。

第3篇 实战操作

第 **8** 章

精准画像：直播电商用户需求分析

实战流程：需求分析的3个步骤

在直播电商活动中，电商主播想要吸引消费者下单购买，必须推荐能够满足其需求的产品。想要满足用户需求，首先需要了解用户需求，即进行用户需求分析。在分析用户需求时，可以按照3个步骤进行，如图8-1所示。

图8-1 分析用户需求的3个步骤

搜集用户需求

搜集用户需求的方法有很多，这里介绍4种常用的方法，如表8-1所示。

表8-1 搜集用户需求常用的4种方法

方法	注意事项
用户访谈	用户访谈是一种常见的用户需求分析方法，通常由分析人员与产品用户进行一对一或一对多沟通。使用该方法进行用户访谈时，需要选择具有代表性的用户，例如，可以选择不同年龄段的用户，尽可能地覆盖到所有年龄
调查问卷	使用调查问卷法搜集用户需求，需要做好调查问卷的制作、发放、回收及统计工作，其中调查问卷的问题设计尤为关键，问题要全面、精准
可用性测试	采用可用性测试法搜集用户需求是指邀请用户体验产品，鼓励用户将产品使用感受、想法等反馈给企业。这种方法主要适用于新产品
数据分析	通过数据分析法搜集用户需求是指对企业自有、合作伙伴、第三方平台等渠道的数据进行分析，从而找到用户需求。分析结果的准确性主要取决于数据的质量

需要注意的是，利用这些方法得到的用户需求并不都是有价值的，因为很多用户是从其主观视角提出需求，这些需求的实现成本可能较高甚至根本无法实现，还有的需求不符合企业的产品定位等。因此，搜集完用户需求之后，我们还要对用户需求进行筛选，辨别哪些是真需求，哪些是伪需求。

辨别需求真伪

5W1H法是一种辨别需求真伪的常用方法，使用步骤如下。

- 第一步：What，分析需求的具体内容。
- 第二步：Why，分析需求产生的原因。
- 第三步：Who，分析需求的提出者。
- 第四步：Where，分析需求提出的场景。
- 第五步：When，分析需求提出的时间。
- 第六步：How，分析需求能否得到满足。

经过上述几步对需求进行分析之后，企业就可以去掉那些不符合企业定位、实现成本较高的伪需求。

判断需求价值

判断需求价值时，分析人员需要考虑的要素如图8-2所示。

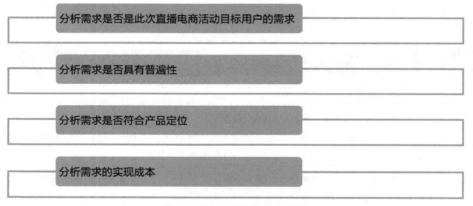

图8-2 判断需求价值的四大要素

（1）分析需求是否是此次直播电商活动目标用户的需求，如果不是便属于低价值需求。例如，直播电商活动的目标用户为年轻女性，主流需求是美妆产品，按摩椅、保健品等就属于低价值需求。

（2）分析需求是否具有普遍性。有些需求可能是小众群体需求，大部分用户不存在这样的需求，例如，用户希望有品牌推出男士用的美妆产品，这样的需求不是主流用户需求。如果主播在直播电商活动中推出这种产品，很可能会出现销量不佳的情况。

（3）分析需求是否符合产品定位。成功的产品都有清晰明确的定位，而且受用户习惯的影响，企业不会轻易改变产品定位，否则可能会导致现有用户流失，所以，企业可以排除不符合产品定位的需求。

（4）分析需求的实现成本。有些需求确实普遍存在，但因为成本限制、设备缺失、技术不成熟等原因导致企业难以实现该需求。因为企业要满足这些需求，投入的成本与获得的回报根本不成正比，所以，企业可以排除实现成本较高的需求。

用户洞察：用户需求的4种类型

在直播电商场景中，只有做好用户洞察，了解用户需求，才能让直播活动做到有的放矢，达到预期的效果。具体来看，用户需求的类型主要有4种，如图8-3所示。

图8-3 用户需求的4种类型

人性关怀：消除孤独感

视频直播平台不同于知乎、微博等传统社交平台以用户原创内容增加用户黏性的运营模式，而是摆脱了现实关系的束缚，创建了一个高度陌生化的交流空间。例如，用户在现实生活并不认识主播，但因为经常在直播间购买产品，留言评论，被主播提到名字，于是会和主播产生一些交流。这种实时在线的交流会让用户觉得自己在与主播进行面对面的沟通，从而排解了孤独苦闷的情绪。

感同身受：满足内心诉求

观众在观看直播时会在有意或无意中将自己带入主播的某种行为之中，想象从事这个行为的主体其实是自己，从而间接获得与主播类似的情绪感觉，这样就突破了时间、地点、硬件设施以及其他因素的限制，通过想象的方式，借助别人的情境满足自己对某种行为的内心需求。

在所有直播类型中，游戏电竞类直播最能满足用户的此类需求。

有很多用户受各种因素的影响无法亲自体验游戏。电竞游戏直播的出现帮助这类用户将其对游戏的向往以及对愿望满足的诉求寄托到游戏主播那里。在观看主播操作游戏的过程中，用户会将自己代入进去，同时将主播的各种情绪植入到自己身上，间接满足自己的心理需求。

休闲娱乐：缓解生活压力

视频直播平台一出现，就以其丰富的娱乐元素成为许多人休闲娱乐的最佳选择，并且直播的类型丰富多样，能够适应不同用户的喜好，满足各类用户的精神需求。而且直播为人们缓解生活压力提供了一条有效途径，能够帮助人们放松身心，更好地去工作和生活。所以许多上班族在下班休息时，都会将观看直播作为休闲娱乐的一种方式。

猎奇心理，满足好奇心

电商直播擅长激发用户对某件事或某个人的好奇心，然后不断抛出某品牌最新的信息，始终吸引用户注意。同时，电商直播为用户提供了一个交流自己经历的平台。用户在分享自己事迹的同时，可能会对其他用户的事迹产生好奇。因此，电商直播对用户好奇心的把握与控制，是其具有强大吸引力的重要原因。

电商直播平台对传统社交平台最大的改变在于用户可以通过购买、评论等方式影响他人的生活，不再仅仅扮演一个旁观者的角色。并且主播也能够参照用户的意见来改进自己的直播，通过直播实时回应用户的问答，与用户进行良好的互动。

总之，电商直播能够展现一个丰富多彩的世界，能够让包括红人、艺人、普通人等在内的所有人来分享自己的生活或了解别人的生活。

模型搭建：搭建基于需求分析的KANO模型

KANO模型是东京理工大学狩野纪昭（Noriaki Kano）教授发明的用于分析用户需求，对用户需求进行分类、排序的一种工具，其基础是用户需求分析对用户满意度的影响，体现了产品性能与用户满意度之间的非线性关系。

根据产品质量特性与顾客满意度之间的关系，狩野教授将产品服务特性划分成了基本型需求、期望型需求、兴奋型需求、无差异型需求、反向型需求5种。搭建KANO模型的目的在于帮助主播建立自己的内容分类与优先排序体系，提升直播间内容运营的质量与效果。下面我们对KANO模型进行具体分析。

用户满意度

影响直播间用户满意度的因素有两个，如表8-2所示。

表8-2 影响直播间用户满意度的两大因素

两大因素	具体表现
直播间带给用户的感官体验	感官体验好，用户就会点击关注
用户收到产品后的实际体验与事前期待的契合度	如果实际体验与事前期待相符或者超出事前期待，就表示满意；如果实际体验与事前期待不符，就表示不满意。实际体验与事前期待的差距越大，不满意程度就越大

对于主播来说，为用户提供超出其期待的产品与服务就成了一个非常重要的运营思路。通常情况下，人们认为满意度是一维的，即直播间为用户提供的产品、服务越多，用户满意度就越高。所以，很多直播间都会不断增加新产品、新服务，以期通过这种方式提高用户的满意度。但事实上，不是所有的新增产品或服务都能起到提升用户满意度的效果，有些还会损害用户体验。例如，直播间福利，如果直播间的福利过多，超出临界值，不仅无法提升用户满意度，还会引起用户反感。

基本型需求

基本型需求指的是用户对直播间提供的产品或服务的基本要求，在用户心目中直播间必须具备的功能，也称为"必备需求"。虽然直播间满足了用户需求，用户也不一定会表示满意，但如果直播间不能满足用户需求，用户一定会表现出强烈的不满。为此，直播间的运营人员必须不断调整，全方位了解用户需求，并利用合适的方法在直播中满足用户需求。

期望型需求

期望型需求又叫作意愿型需求，指的是用户的满意状况与需求的满意程度成正比例关系的需求，如果这类需求能够满足，用户满意度就会显著提升。

相较于基本型需求来说，期望型需求对直播间的要求没有那么严格，虽然要求直播间为用户提供优质的产品和服务，但对产品属性与服务行为不做硬性规定。对于某些期望型需求，用户也不清楚，但内心深处希望获得，这就是所谓的"痒点"。主播想要在同类型主播中脱颖而出，就必须提高这方面的能力，满足用户的期望型需求。

兴奋型需求

兴奋型需求又称为"魅力型需求"，这类需求一般不会被用户过分期待。如果直播间能够满足用户的这类需求，用户会非常满意。如果直播间不能满足用户的这类需求，用户也不会表现出明显的不满。所以，直播间为了提升用户的满意度，可以在用户对某些产品或服务提出这类需求时为其提供相应的产品或服务，带给用户惊喜感，提高用户满意度。

无差异需求

无差异需求指的是用户根本不在意的需求，主播是否提供对用户体验、用户满意度毫无影响。对于这类需求，直播间最好不提供。例如，某购物直播间上线打卡功能，但又没有推出相应的激励措施，即便粉丝每天打卡也无法获得有价值的奖励。对于粉丝来说，这种打卡功能就可有可无，完全没有上线的必要。

反向型需求

反向型需求又称逆向型需求，指的是会引起用户强烈不满的特性或者会导致用户满意度下降的特性。因为直播间用户的喜好、需求各不相同，有些用户没有这方面的需求，主播却偏偏为其提供相关的产品或服务，导致用户满意度下降。例如，有些用户来到直播间的目的不是抽奖，但如果直播间的抽奖活动过多，就会引起这部分用户的不满，最终只能离开直播间，给直播间的长远发展造成不良影响。

最后，需要注意两点：第一，人人都有需求，这些需求各不相同，直播间要做的就是满足大多数人的需求，不要试图满足所有人的需求；第二，人们的需求会不断变化，昨天的期望型需求到今天可能会变成必备型需求。为此，直播间商品与服务必须不断迭代，实时更新，与时俱进，不能一成不变。

第9章 团队搭建：构建高效直播运营团队

筛选主播：商家挑选主播的技巧

在直播电商活动策划中，主播筛选是非常重要的一环，如果挑选的主播不匹配，整个直播电商活动效果将大打折扣。那么，直播电商活动策划人员应该如何挑选合适的主播呢？以下技巧与经验值得策划人员学习借鉴。

商家与主播合作的3种模式

目前，在直播电商活动中，商家与主播合作的模式主要有3种，如表9-1所示。

表9-1 商家与主播合作的3种模式

合作模式	具体事项
专场模式	主播在某个直播时间段为商家做系列产品推广，计费方式主要是小时制，带货能力越高的主播收费越贵
链接费+佣金模式	链接费通常为几百元一个，佣金会按照总成交额或订单量计算，主要适用于位于"腰部"及以上水平的主播
纯佣金模式	商家通过提供主播对接服务的平台（如阿里巴巴）与主播合作，付费方式按照平台制定的收费标准，主要适用于小主播、新主播。

商家挑选主播的三大维度

想要让电商直播发挥出最大的效果，商家必须挑选一名合适的主播与之合作，具体来看，商家挑选主播可以从如表9-2所示的三大维度切入。

表9-2 商家挑选主播的三大维度

维度	注意事项
匹配度	匹配度包括主播的风格调性与商家的产品特性、企业文化等的契合度，还包括主播粉丝与商家目标用户的重合度。为了确保主播与商家相匹配，策划人员要分析主播数据，前往主播直播间、粉丝群等了解实际情况，以免因为信息不对称选错主播
性价比	策划人员应该认识到，挑选主播不能一味地追求低价，因为主播的带货能力与其合作费用成正比，盲目选择低价主播很容易影响直播活动的效果。当然，主播也不是越贵越好，知名主播虽然能力比较强，但价格也非常高，不适合很多中小商家。所以，策划人员在挑选主播时要考虑商家的承受能力，挑选一个高性价比的主播
承接力	承接力主要指主播的卖货能力，直播人气高并不代表主播的卖货能力强，想要在直播中促成交易，需要主播在直播内容、话术、粉丝互动等方面做好充分准备。因此，在确定合作的主播之前，策划人员还要考察主播的卖货能力

此外，商家与主播的合作是双向的，商家在挑选主播的同时，主播也在挑选商家。

因此，策划人员需要了解主播及其背后的MCN机构挑选合作商家的主要指标，如表9-3所示。

表9-3 MCN机构挑选合作商家的三大指标

指标	注意事项
产品评价	良好的口碑有助于主播延长自身的生命周期、提高自身的商业价值，而主播在直播卖货活动中推广的产品质量会直接影响其口碑，所以，很多主播及其背后的MCN机构在与商家合作时，会重点分析商家的产品评价，如果评价较低，他们很大概率会放弃合作
店铺动态评分	店铺动态评分主要适用于拥有线上店铺的商家。电商平台会根据店铺的经营情况进行评分，高评分的商家用户体验更好，更有利于树立或维护主播的正面形象
管理规范性	商家管理规范性高意味着主播与其合作时的纠纷少、效率高。考察商家管理规范性时，主播及其背后的MCN机构通常会通过商家的公开信息，以及商家与主播沟通时的细节进行判断

商家和主播合作的完整链路

（1）合作前期：这个时期主要有5个步骤，即合作洽谈、确认合作模式、主播审核产品、确认合作产品、商家协助主播制定合作脚本。

（2）合作中期：这个时期主要有4个步骤，即确认档期、安排寄样、申请佣金链接、主播直播准备。

（3）合作后期：这个时期主要有4个步骤，即主播接收样品、正式直播、互动反馈、播后复盘。

主播助理：协调各方的业务对接

在直播电商团队中，直播助理相当于主播的助手，工作较为烦琐复杂，例如，辅助主播直播、帮助主播处理文件与资料、帮助主播与商家及平台沟通等。和单纯的直播相比，直播电商对主播的要求更复杂。如果没有助理，主播很难在做好产品展示、引导购买的同时，做好直播间运营工作。

头部主播的助理有很多在直播间出镜的机会，主播暂时离开镜头时，他们会代替主播进行直播，长此以往，这类助理也掌握了很多直播技能，甚至获得了一批属于自己的忠实粉丝。

不过大部分助理并没有成为头部主播助理的机会，而且在直播电商的直播间中，很大部分是商家直播。例如，在淘宝直播平台，达人直播间大约有1.2万个，商家直播间有20多万个。和达人直播相比，商家直播更为规范化、流程化，普遍采用1个主播配1个助理的模式，而且助理鲜有出镜机会，大部分时间是在幕后以声音或弹幕的形式协助主播进行直播。

主播助理的工作内容

（1）开播前。在直播开始前，主播助理便开始了忙碌的工作。例如，了解合作商家的商品、品牌等信息，与直播团队成员确定优惠券发放方式及发放时间，进行直播测试，确认直播所需的商品、道具等物品全部到场。

（2）开播期间。在正式直播期间，主播助理要集中注意力，紧跟主播节奏发放优惠券、更新商品链接，做好产品体验员，认真回答直播间观众的问题，补充主播遗漏的关键信息等。

（3）直播结束后。直播结束后，主播助理要与团队共同做复盘总结，协助主播处理订单，准备下一场直播等。

直播助理具备的四大技能

从直播电商的特性来看，一位优秀的直播助理必须具备如表9-4所示的技能。

表9-4 直播助理必备的四大技能

技能	具体表述
宣传能力	主播助理需要具备强大的宣传能力，了解微信、微博、抖音等各类媒体的特性，并善用多种媒介渠道组合帮助主播进行推广，为主播树立良好的形象
经纪能力	主播助理应该具备一定的经纪能力，例如，能客观冷静地评估直播内容的质量，了解主播的粉丝群体，能够判断商品是否符合其需求，有一定的商业沟通能力，可以帮助主播与商家及平台进行谈判等
学习能力	用户需求与市场环境始终处于动态变化之中，主播助理想要不被淘汰，必须具备较强的学习能力，能够快速了解直播商品的相关知识、行业特性、用户画像等
引流能力	对于直播间引流来说，主播助理需要掌握直播平台的推荐机制以及直播间的运营技巧，熟悉直播平台的直播规则，能够帮助主播快速高效地获取优质流量

策划运营：确保直播活动的执行

策划运营的主要工作是直播内容策划，包括确定直播主题、匹配货品和利益点、规划直播时间段、获得商品及流量源、设置直播间人气互动软件、掌握平台新奇玩法等。具体来说，电商直播策划运营工作主要包括以下内容。

活动要点分析

在策划电商活动时，直播团队应该充分考虑活动的最终目的，例如，活动是想要推销产品还是推广品牌。确定活动目的是活动策划的前提，之后才能根据目的确定活动形式、宣传方式、渠道推广等后续工作。具体来看，活动要点分析过程如图9-1所示。

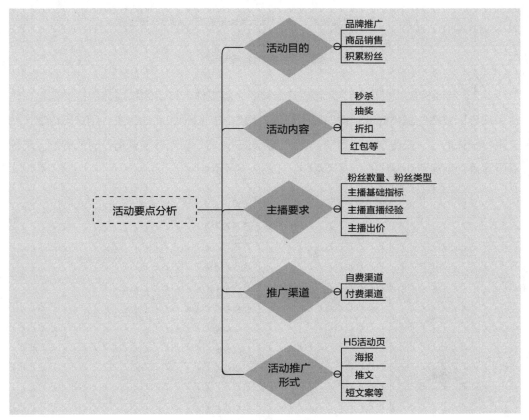

图9-1 活动要点分析

策划和准备直播活动

（1）主播筛选。在开播前首先要进行主播筛选。优秀的主播拥有良好的控场能力，可以随时与粉丝互动，营造其乐融融的氛围，这些都能影响粉丝对产品的态度。主播筛选有两大标准，如图9-2所示。

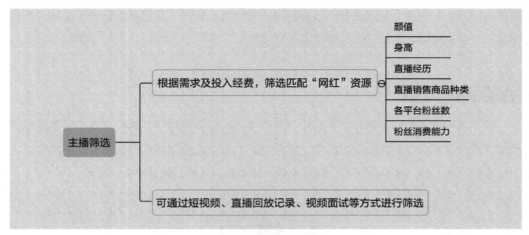

图9-2 主播筛选的两大标准

（2）活动预热。预热推广是活动开始前的必要工作，其目的是增强用户的记忆，防止用户忘记直播的具体时间，同时吸引粉丝。预热推广以预约活动为主，用户可以通过社交平台预热活动入口直接预约活动，这样当活动开始时，粉丝就能获得及时的提醒，前往观看直播。直播活动预热的方式有两种，如图9-3所示。

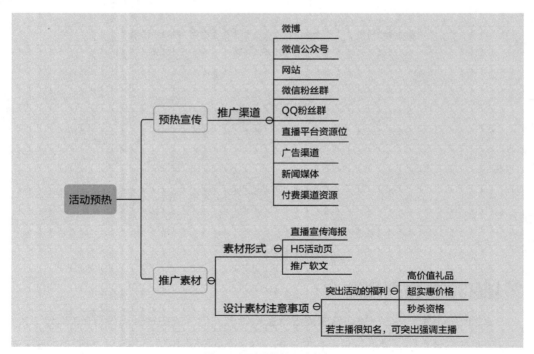

图9-3 活动预热的两种方式

（3）直播准备及流程设计。直播是一次性过程，具有不可逆性。因此，主播一定要控制好直播时间，明确直播流程并熟悉所推荐的产品，以免带给观众不好的观看体验。此外，大型直播还要做好人员安排，明确分工。

实时跟进直播活动

做好了直播的前期准备工作，并不代表就可以一劳永逸。直播开始后的工作也要格外重视，例如，直播团队要在开启直播的同时，迅速将直播链接分享到各个社交平台，并确保链接的正确性。直播过程中出现问题在所难免，所以直播团队要实时监控直播间状况，维护好直播间秩序。直播结束后安排相关人员及时跟进中奖者，确保让用户获得良好的消费体验，如图9-4所示。

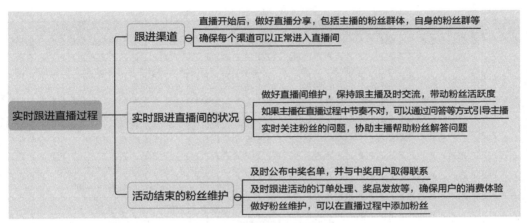

图9-4 实时跟进直播过程

复盘整个直播活动

在整场直播活动中，活动复盘是最后一步。复盘时，直播团队要思考很多问题，例如，直播是否达到了预期效果，直播过程中出现了哪些问题，有哪些遗憾等。员工的反馈和活动出现的问题都不能忽视，这对后续的改进工作非常重要。复盘是经验的总结，可以极大地改进直播策划，有助于下次直播的完美进行。直播活动复盘需要遵循三大流程，如图9-5所示。

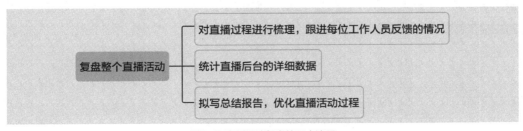

图9-5 直播活动复盘的三大流程

场控运营：优化直播间观看体验

在直播电商团队中，场控属于幕后工作人员，承担着活跃直播间气氛，加强粉丝互动，处理"黑粉"、恶性广告等问题的责任。对于粉丝、游客，场控人员要耐心、热情，尽可能地让他们有良好的观看体验；对于"黑粉"、恶性广告发布人员等，场控人员要果断行动，避免其扰乱主播的直播节奏，影响粉丝及游客的观看体验。

从诸多案例来看，一个好的场控人员可以帮主播分担很多压力，让直播间保持良好氛围，有效提高直播电商的转化率。具体而言，场控人员的职能可以概括为如表9-5所示几点。

表9-5 场控人员的职能

场控人员的职能	注意事项
调节气氛	场控人员调节气氛时要注意配合主播的节奏，避免因存在感过强迫使主播中断直播的情况发生。通过发送弹幕引导粉丝进行话题讨论，是场控人员常用的调节直播间气氛的方式。不过所有场控人员都应该认识到，引导粉丝进行话题讨论时，务必要进行正向引导，以免引发矛盾冲突
陪伴粉丝	在直播过程中，主播可能为了做好直播内容无暇顾及弹幕，而粉丝发送的弹幕得不到及时回应，就会打消其互动的积极性，从而影响直播效果。为了避免出现这种情况，场控人员需要及时找到有代表性的弹幕，并与之互动交流，让粉丝产生被关心的感觉。对于核心粉丝，场控人员要做到进场欢迎、离场欢送，并及时提醒主播与之互动，尽可能地延长这些核心粉丝的生命周期
维持秩序	观众可以在直播间自由发言，但因为缺乏有效的监督惩罚机制，部分观众之间可能会发生矛盾冲突。面对这种情况，场控人员要及时采取有效手段，避免事态恶化。同时，直播间可能会有人以弹幕的形式打商业广告，观众对这类广告有较强的抵触情绪，场控人员要及时将其封禁。此外，部分"黑粉"或竞争对手雇佣的"网络水军"会辱骂主播与观众，刻意在直播间内挑起矛盾，对于这类人员，场控人员更要果断出手，将其踢出直播间
帮助主播提高直播能力	在日常工作中，场控人员可能会发现主播存在的一些问题，为了帮助主播提高直播效果，场控人员可以将这些问题及时反馈给主播

需要注意的是，由于场控人员每天要调节矛盾、处理粉丝问题，可能会积累一些负面情绪，导致其出现心态问题，从而引发与粉丝吵架、滥用职权等问题，对主播乃至整个直播团队造成负面影响。为了解决这种问题，场控人员务必要做好心理建设，时刻提醒自己对主播负责，对直播电商团队负责，对合作商家负责。

第 10 章

运营筹备：直播电商前期准备工作

硬件配置：直播设备的选择技巧

计算机

　　直播的计算机配置要尽量高一些，这样尽可能确保直播流畅进行，不会卡顿。

　　直播要尽量选择台式计算机。相比于笔记本电脑，台式计算机比较便宜，而且在相同配置下，台式计算机的性能要优于笔记本计算机。另外，台式计算机拥有内置声卡，运行也更加稳定。直播的计算机显示器应该选择19~25英寸（1英寸=2.54厘米）的护眼系列显示器，这类显示器的屏幕足够大，并且不容易产生视觉疲劳。

　　如果想用笔记本电脑直播，屏幕尺寸不小于15英寸。显示器太小会影响主播观看直播间信息，而宽屏配置可以涵盖更多功能。重要的是，大多数直播平台都支持宽屏直播。

宽带

　　宽带要尽量选用高频宽带，例如，100Mbit/s的光纤宽带。光纤宽带可以实现上行速率与下行速率同步，而电缆传输宽带的上行速率只有下行速率的一半。如果因条件限制不能选择光纤宽带，也至少要选择不低于4 Mbit/s的电话线宽带。

摄像头

　　主播拥有美好的形象可以为直播带来积极影响。一款性能良好的摄像头可以使主播看起来更漂亮或更帅气，是直播的一大"利器"。市场上的摄像头主要分为两种：红外摄像头和高清摄像头。直播主要选用高清摄像头。

声卡

　　（1）计算机声卡：一般来说，直播使用的摄像头和麦克风都是通用的，可以与所有计算机兼容，声卡却可能因为计算机的不同而出现使用问题。声卡有内置声卡和外置声卡之分，内置声卡只能用于拥有PCI插槽的台式计算机；外置声卡既可以用于笔记本电脑，也可以通过USB插口接入台式计算机。总体来说，内置声卡比外置声卡的效果更好，但最终效果取决于人工调试。有些声卡综合性能较强，不仅可以外置使用，还可以内置使用，甚至能通过转换线在手机上使用。因此，主播在购买声卡前应该详细咨询客服。

（2）手机声卡：在手机直播潮流的驱动下，各种专门的手机直播设备应运而生，其中就包括手机声卡。手机声卡使用方便，可以随身携带。

电容麦

电容麦的种类繁多，价格不一，从一百元到几万元不等。话筒可以分为两种类型：一种是动圈话筒；另一种是电容麦，电商直播选择电容麦更合适。电容麦的选择需要参考两个标准：一是主播的预算是多少；二是主播的直播类型是什么。有的话筒插入接口就能使用，有的话筒需要另外接入电源线，主播可以根据自身喜好自行选择。

其他设备

（1）灯光：电商直播所用的灯光有很多种，以摄影灯为主。摄影灯的灯光可以使主播的脸部看起来更柔和，效果比其他灯光更好。直播时选用两个摄影灯箱外加两个灯泡就能达到理想效果。一般来说，灯箱和灯泡可以分开购买。

（2）转换器+投影仪：有的主播对看清字幕的要求较高，所以要配备转换器和投影仪。转换器和投影仪可以将手机屏幕上的内容投影到显示屏上，有助于主播看清屏幕上的内容。转换器有苹果版、安卓版和通用版3个版本，显示屏、投影仪的价位有高有低，主播可以根据预算和需求进行采购。

（3）调音台：电商直播建议选择6孔以上带混响的调音台。调音台可以将话筒声、伴奏声、乐器声等集合起来进行统一控制和限噪。

（4）摄像机+推流器+直播平台：要想达到理想的直播效果，需要用高清摄像机和推流器将视频传输到直播平台。高清摄像机能对画面进行720线逐行扫描，拍出来的视频质量和清晰度都比较高，分辨率可以达到1280px×720px。如果有条件也可以使用数码摄像机，数码摄像机可以对画面进行1080线隔行扫描，分辨率可以达到1920px×1080px。一般情况下，高清摄像机足以满足直播要求。高清摄像机分为手持式和肩扛式两种类型，手持式高清摄像主要用于个人拍摄；肩扛式高清摄像机主要用于专业影视拍摄。

直播设备准备妥当后，运营人员需要对设备进行测试，以免在直播过程中出现漏洞，影响直播效果。设备测试需要做好如图10-1所示的4点注意事项。

确定摄像头摆放的位置最佳	• 直播电商活动有时需要全景直播,有时需要近景直播,为了保障画面成像效果,需要找到摄像头摆放的最佳位置
网络测试	• 网络测试既要测试网络连接的稳定性,又要测试网络传输速度
直播间测试	• 直播间测试包括直播间进入渠道测试、直播画面测试、声音采集效果测试等
线的连接与归置	• 确保电源线、网线、音控线等可以正常连接,同时做好线缆归置,避免对主播、助播等人员在直播间的正常活动造成不良影响

图10-1 设备测试的4点注意事项

物料素材:直播前期的准备工作

一场直播电商活动的成功开展离不开完善的物料支持,此处的物料不仅包括直播设备、道具、样品等实物物料,还包括直播素材、产品卖点、主播个人状态调整等非实物的物料。下面对这些物料进行简单分析,如表10-1所示。

表10-1 直播前的物料准备

物料素材	具体事宜
素材准备	(1)直播封面图。直播封面图是影响直播间打开率的重要因素,直播封面图设置要遵守平台规则,不能为了吸引粉丝而违规操作。 (2)直播标签。直播标签的设置是为了提高直播间流量的精准性,吸引更多的目标用户,所以,直播标签的设置要注意结合商家的用户画像。 (3)直播标题。直播标题的设置要尽可能地简洁明了,给目标用户留下深刻印象,避免因字数过多无法全部展现给用户。 (4)水印。水印就像贴纸广告一样放置在直播画面。为了避免干扰主播直播,水印通常位于画面角落,添加文字或图片将关键信息呈现给直播间观众
样品	为了增强说服力,通常需要主播现场展示并体验商品。因此,为了确保商品的展示效果,主播需要对展示所用的商品进行检查,包括其功能、材质、外观、型号、款式等,避免直播过程中出现商品不存在或商品型号不对等尴尬情况
产品卖点	将产品卖点展示给观众,有助于提高直播电商的转化力。一个产品可能存在多个卖点,然而一场直播活动的时间有限,主播无法介绍所有卖点,而且介绍的卖点过多会让用户感到混乱。所以,商家应该提炼出一个或几个独特的产品卖点,确保主播能在预定时间内向观众讲解清楚,有效激发观众的购买欲望

（续表）

物料素材	具体事宜
辅助工具	除了直播展示所用的产品外，为了使直播更加生动形象，主播可能需要使用一些辅助工具，如计算打折力度的计算器。因为很多时候，单凭主播讲产品打几折，可能无法给用户留下深刻印象，而使用计算器直接计算能省多少钱可以给用户造成更强的冲击力。同时，主播还可以用手机作为辅助工具，为直播演示如何领取直播间代金券，成功下单后如何免费领取商家提供的礼品等
主播状态	主播状态对直播电商活动非常重要。直播是一个非常耗费体力、精力的工作，需要连续几个小时与直播间的观众互动，如果主播不能调整好自己的状态，以饱满的热情、积极的态度迎接观众，就很难留住观众，更无法帮商家达到预期的直播目标

灯光布置：直播常用的布光技巧

在布置直播间的过程中，灯光布置尤其重要。恰到好处的灯光能够突显主播的形象，合适的灯光角度会让主播的面部看起来更加自然，增加观众对主播的好感。

有时你会发现，两个装饰与布局相似的直播间，一个直播间让主播看起来白皙红润，另一个主播间让主播看起来暗淡无光，其实这都是由布光造成的。下面为大家介绍几种大主播常用的布光方式，希望对大家有所帮助。这几种布光方式分别是主光、辅助光、轮廓光、顶光和背景光，如表10-2所示。

表10-2 直播间常用的五种布光方式

布光方式	作用	布设
主光	主光大多和经过镜头中心点的光束中心线成0~15°夹角，位于主播正前方。主光的优点是可以让主播脸部受光均匀，使面部表情显得更自然，并且具有美白的作用；缺点是由于光线直射，直播画面因为没有阴影而缺乏层次与律动，影响整体美感	主灯不建议使用LED灯以外的灯种，通常60W~80W的LDE灯就可以满足10m²大的直播间的使用需求，当然也可以使用效果更好的灯带
辅助光	辅助光可以从各个方向照射到主播的位置，包括左右两侧90°、左右前方45°和左右后方45°。主播被辅助光照到和未被照到的两个部分会产生光与暗的对比，从而使主播的造型看起来更加有立体感	对于前置的补光灯与辅灯，最好选用能够改变光源强度的灯，并且为了更快地调出自己想要的灯光状态，建议选择功率较大的灯泡。 补光灯使用要领：借助反光板补光，制造出软光效果，让主播的皮肤显得更加白皙光滑有气色；如果想要取得一种更自然的补光效果，就将补光灯照射向主播正前方的墙面，通过光的反射进行补光。为了避免主播脸部过度曝光甚至反光，必须把握好补光的限度

（续表）

布光方式	作用	布设
轮廓光	让主播的轮廓突显出来，使主播的形象相对突出，避免与身后的背景过度融合。为了营造逆光效果，灯源一般放于主播身后	使用轮廓光时，同样要让光线亮度保持适中。如果后方光线太亮，就会显得主播所在区域偏暗，拍摄时容易发生炫光。可见，轮廓光使用不当也会影响直播效果
顶光	产生一种瘦脸效果，更好地塑造主播轮廓	顶光一般被置于主播上方两米以下的位置，使用时会给人以投影的感觉，并且会使主播眼睛与鼻子下方出现阴影
背景光	通过增加光线提升直播间的亮度，让主播在镜头中保持现有的造型与肌肤状态，从而产生更好的直播效果	直播间背景有时很暗，会影响整体的直播画面，这时就要使用到背景光了。背景光常使用低光亮、多光源的方式，均匀照射在直播间

区域划分：直播场地的规划技巧

电商直播需要一个场地，这个场地可能只占据店铺的一个角落，或者是一个很小的直播间，或者是一个大场地。无论面积大小，都要做好场地规划。下面以服装直播为例对直播场地规划需要注意的事项进行具体分析。服装直播场地规划一般要划分出7个区域，如表10-3所示。

表10-3 服装直播场地规划

直播场地分区	具体操作
货品准备区	把需要直播展示的服装有序摆放在该区域内。根据衣服面料和用途对衣服进行简单处理，有些需要挂烫，有些需要搭配
服装拍摄区	高品质的产品照片对服装类电商来说至关重要，服装拍摄需要注意以下几点。 第一，拍摄背景。服装拍摄尽量使用白色或浅灰色的背景，将观众的注意力聚焦到产品上，尽可能保证图片颜色的真实性 第二，使用能够手动曝光、设置光圈的数码单反相机，或者拍摄功能强大的智能手机。为了防止相机/手机抖动，最好使用三脚架 第三，光线。服装拍摄区的光线必须充足，如果自然光不好，就需要租用或购置一套易于使用的照明设备，包括光电传感头、柔光箱、魔术腿、电池和无线引闪器，保证拍摄质量，提高拍摄效率 第四，整理衣服。把服装交由模特展示或穿在人体模型上展示，都要进行整理，让其展示出应有的效果，便于客户进行视觉想象 第五，拍摄。将相机/手机对准拍摄对象，根据光线强弱调整相机/手机的设置，尽可能地还原服装的色彩。 第六，后期制作。后期制作的目的是让照片看起来保持最佳状态，并且更加专业。为了保持照片风格的一致性，后期制作必须做好对齐、裁剪、背景去除和颜色校正等工作。

（续表）

直播场地分区	具体操作
员工工作区	商品的上新下架、订单信息的审核确认、发货时间的安排协调以及售后服务的后续处理等工作需要专业人员来完成，直播时需要预留出员工工作区
直播间	直播间规划有两种方式，一种是搭建专门的直播间，另一种是在店铺内分隔出一块区域用于直播。第一种方式适合没有线下店铺的商家使用，可以营造良好的直播环境，保证直播带货的效果；第二种方法适合有线下店铺的商家使用，可以节省人力与资金，一边照顾店内生意一边直播，通过直播为店铺导流，提高产品销量
物流区	商品的物流配送速度快，售后服务有保障都可以提高买家对店铺的评价。主播通过直播销售出去的服装，需要工作人员在确认订单后，第一时间联系物流公司发货
货源备品区	为了避免在忙碌的直播过程中犯错，直播团队要在直播开始前一周制定好排期计划，设立好货源备品区，提前摆放好一周内需要直播展示的服装
粉丝观摩区	专门设立粉丝观摩区也是拉近与粉丝距离的好办法。这种方式能让粉丝更深入地了解主播的生活，创造更多互动机会，提高对主播的好感度与信赖度

第 11 章

流程实战：直播电商的精细化运营

流程实战：直播活动的八大环节

一场完整的直播至少要经过八个环节，分别是目标、模式、寄样、脚本、核对、准备、直播和复盘，如表11-1所示。

表11-1 直播活动的八个环节

流程	具体事项
目标	确认直播目的是为了做好品牌宣传，还是为活动造势，还是进行产品促销。直播目标不同，可选的直播形式也不同
模式	淘宝直播有两种模式，一是混播，二是专场。混播的优势在于门槛低、灵活度高、适合推销爆款产品，费用相对较低。专场直播多用于品牌宣传或活动预热，对商家SKU的要求较高，否则很难让粉丝停留太长时间
寄样	提前将样品寄给主播，让主播提前了解产品，并将其在直播过程中展示出来
脚本	脚本必须注意三大事项：第一，脚本必须符合主播的个性，根据主播的意愿来制定；第二，脚本要展现品牌理念、产品特色、使用方法和背景故事；第三，脚本必须突出利益点，给直播间粉丝一些专属权益，刺激粉丝产生购买冲动
核对	可以与粉丝实时互动既是直播的优点，也是直播的缺点。如果直播过程中出现一些错误会造成很大的损失，为此，商家必须安排专人跟踪直播，做好直播控场工作
准备	商家要提前安排好直播场地，仓库工作人员要提前打包，运营人员要随时候场准备解决直播过程中可能发生的突发情况
直播	直播过程中要注意3点：第一，实时关注直播进程；第二，安排专人记录粉丝需求；第三，对相关利益点进行实时调整
复盘	直播结束，直播团队要对直播数据进行复盘，了解哪些产品最受粉丝欢迎，哪些产品不受粉丝喜欢。同时对直播流程进行审视，找到可调整之处，并对粉丝对产品的评价进行持续跟踪

开播前：直播策划的3项工作

在直播电商团队中，运营岗位的主要工作包括对主播进行管理监督，协助主播做好直播内容；通过线上线下运营对直播进行推广，提高直播间流量；策划直播电商活动，进行相关数据统计与分析等。下面按照直播前、直播中、直播后的时间顺序，对运营岗位的工作内容进行详细分析。下面我们先来简单分析电商直播前运营人员需要做哪些工作，如图11-1所示。

图11-1 直播前运营人员的工作

选择合适的直播平台

随着直播带货兴起，淘宝、京东、拼多多、快手、抖音等平台都在大力推动直播进程。不同的直播平台拥有不同的风格，主要表现为带货品类、目标用户和转化效率等方面的不同。品牌方或商家入驻平台时，需要科学评估各个平台，找到适合自己的平台，例如中小型企业可以选择万商之家等多元化的平台，合适的平台对商家的直播助力颇多。

除了要关注平台的风格调性，还要关注平台的流量入口。在竞争日益激烈的直播环境中，流量是第一竞争力，流量入口是决定流量大小的关键。商家在关注流量入口的同时，还要关注平台的算法、推荐机制、首页曝光度、流量倾斜政策等，另外，还要积极参加平台打榜活动，获取更多的流量资源。

确认商品"上新"

在这项工作中，直播运营人员需要与负责货品管理的人员沟通，确认是否收到了商家寄送的新商品。不是所有的商品都适合主播，有的可能因为商品质量、价格不符合标准，有的可能因为商家品牌与主播调性不符等，因此，运营人员需要对商家寄送的新品进行严格筛选。新商品确认之后，运营人员要联系商家索要商品信息表，获得宝贝货号、宝贝链接、商品图、商品原价、建议直播间价格、商品库存及SKU（Stock Keeping Unit，库存量单位）等信息。

直播运营人员在为电商主播选择商品时，需要考虑主播人设、直播间风格、卖货能力等多种因素。此外，运营人员还要考虑主播当前的直播状况，例如，主播可能正处在瓶颈期，需要借助外力提高人气，此时，运营人员可以选择一些低价畅销的商品。

近期直播反馈

近期直播反馈是指运营人员根据主播近期直播表现，对其提出反馈意见，例如，近期直播间新粉丝增速下滑，需要主播加强引导；近期直播内容单一，则需要主播开发新的直播内容等。

那么，电商主播及运营团队如何及时跟进直播电商活动的反馈呢？具体可以参考以下3点。

- 用户的购买热情越高，说明直播带货的效果越好，直播内容脚本越优质，所以电商要时刻关注用户的购买热情是否高涨。

- 用户的互动情绪越高涨,说明直播内容越迎合用户的内心需求,所以电商要分析用户的互动情绪是否高涨。
- 用户的点赞总量、最高在线观看人数、观众在直播间停留时长以及产品链接点击量等都能反映用户的态度,关注和利用这些数据有助于选配用户喜欢的产品。

开播中:直播带货的6个秘诀

在直播带货的过程中,为了促成交易,主播必须掌握一些秘诀,如图11-2所示。

图11-2 直播带货中促成交易的6个秘诀

口语化互动

直播具有良好的互动性,这是其最大的优势。与粉丝频繁互动,有助于促成交易。在互动过程中,一些粉丝还会为主播赠送虚拟礼物,遇到这种情况,主播需要第一时间点名感谢。另外,主播还可以学习一些热门主播的说话方式,例如学习李佳琦式的口语"宝宝们""OMG""我的天呐,也太好看了吧!""买它!买它!"等。主播在学习特色语言的同时,也要根据自身特点逐渐培养自己的语言风格,提升亲切感,增强粉丝的信任度。

形象化描述

主播需要对产品进行形象化描述,让用户感同身受,这样才能促成交易。例如,通过形象生动的比喻来说明产品特性,搭配表情、身体动作等来表现产品体验过程,通过描述试用感受激发用户的购买欲,通过清晰的细节拍摄带给用户视觉冲击等。

以推荐对戒为例,主播在推荐对戒时,可以将两枚戒指合在一起,组成"爱心"图案,突出"天生一对"的情感卖点;也可以将镜头凑近产品,拍摄特写,将产品的材质、工艺、设计细节展示给粉丝,甚至可以亲自佩戴,全方位、多角度进行展示,如图11-3所示。

图11-3 形象化描述产品

营造仪式感

为带货直播营造仪式感可以激发群体效应，促使粉丝消费。例如，在正式"秒杀"商品之前，主播可以通过读秒或倒数"3、2、1"来营造抢购的紧张氛围。群体的大规模一致行动往往能带动人们的情绪，激发消费冲动。此外，在抽奖、发放红包等环节，主播也可以通过倒数截图的方式来营造气氛。

借助辅助道具

直播中借助辅助道具可以让产品卖点更加具体地展现出来：

- 若要展示一款产品与某知名艺人同款，主播可以准备好一张知名艺人穿戴该产品的图片，在直播时向粉丝展示；
- 若想表现钻石的绚烂夺目，主播可以在纸杯中用手机灯照射钻石表面进行演示；
- 若想突出产品的价格优势，主播可以直接拿起计算机现场为粉丝计算价格，或者直接展示其他平台的价格截图，进行价格比对；
- 若要表现购买十分便利，主播可以用自己的手机演示下单步骤。

主播人格化

主播状态往往会影响粉丝的状态，因此主播可以利用自己的人格魅力来感染粉丝，促成交易。有些主播会通过自嘲树立平易近人的形象，或者通过与助理互相调侃拉近与粉丝的距离。

电商直播不能完全以带货为目的，在直播过程中，主播要适当与粉丝沟通卖货之外的事情，调节气氛和节奏，例如，主播可以拿出40%的时间与粉丝分享最近发生的趣事，或者向粉丝展示自己的才艺，或者积极地与粉丝聊天、互动等。

多轮直播抽奖

随着观众在直播间停留的时间不断增加，其消费的概率也会越来越大。延长观众停留时间的方法有分时段送福利、满关注抽奖等，总之，要在直播过程中不断提醒用户接下来要发放的福利、奖品和惊喜，吸引用户留在直播间。例如，主播可以挑选一些优质的科技数码产品、家居用品等，通过限时送礼、"秒杀"、抽奖等方式将礼品送给粉丝，必要时还可以拿出奖品向大家展示，激发观众的购买热情。

开播后：数据复盘的4个指标

直播复盘可以让商家对直播电商活动过程中出现的问题进行反思，找到短板与不足，积累经验，避免下次开展直播电商活动时犯同样的错误，并进一步放大自己的优势，使直播效果得到大幅度提升。具体而言，对直播进行复盘需要关注4个指标，如图11-4所示。

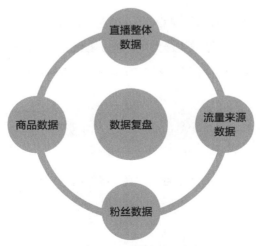

图11-4 直播数据复盘的4个指标

直播整体数据

直播整体数据包括直播间累计观看人次、累计商品点击量、累计订单量与成交额、累计优惠券使用量等。通过分析该数据，商家可以对直播的整体情况形成具体认识，并对这些数据做出有效调整，例如，针对直播间各时间段的流量变化，商家可以分析出推送商品的最佳时间，从而提高产品曝光量，增加直播转化率。

流量来源数据

利用直播平台或第三方提供的流量监测工具，商家可以掌握直播流量来源数据。

以淘宝店铺直播为例，淘宝店铺直播流量来源主要有6种，如表11-2所示。

表11-2 淘宝店铺直播流量的6种来源

流量来源	引流方式
直播推荐	由淘宝直播的直播频道提供的流量
店铺	由淘宝店铺贡献的流量，例如产品详情页、店铺顾客群等
关注	关注主播的粉丝进入直播间带来的流量
微淘	进行淘宝店铺直播时，每场直播都会自动同步至微淘动态，一些用户看到该动态后可能会进入直播间观看
分享回流	直播推广人员或用户分享直播间二维码与直播间链接产生的流量
开播推送	开启直播间粉丝推送功能后，店铺直播开播时，系统会自动向粉丝发送开播提醒，从而吸引一些粉丝前来观看

掌握了直播间流量来源数据后，商家可以对这些流量来源进行针对性营销，最理想的效果是投入资源后使各流量来源效果最大化。但在实践过程中往往因为人力、资金等各方面因素无法顾及所有渠道，所以，更可行的方案是充分发挥自身的资源优势，做好重点流量来源的运营工作。

粉丝数据

粉丝数据是指观看直播的粉丝的相关数据，具体包括粉丝人均观看时长、观看指数、新增粉丝量等，如表11-3所示。

表11-3 粉丝数据分析的三大指标

指标	具体内容
粉丝人均观看时长	该数据能够体现粉丝对主播的忠诚度及直播内容对粉丝的吸引力
观看指数	观看指数是通过评估粉丝观看时长来分析直播影响力，观看指数越高意味着粉丝的忠诚度越高。不过该数据不宜过高或过低，以70~80分为佳，太高说明主播缺乏"拉新"能力，很难为直播间带来新鲜血液；太低说明粉丝忠诚度低，主播很难赢得直播间观众的认可与信任
新增粉丝量	新增粉丝量体现了主播引导观众关注的能力。在直播过程中，主播要积极引导直播间游客关注，将平台的公域流量转化为私域流量

商品数据

商品数据包括商品点击数据、商品销量数据等。以商品点击数据为例，商品点击次数越高，说明该商品在直播间内受到的关注度越高，达成更多交易的可能性也越高。部分直播间中的商品是为了与主推商品形成对比而设计的，这类商品点击率低是可以接受的，但如果主推商品点击率较低，说明商品本身对直播间观众缺乏足够的吸引力。想要解决该问题，就需要商家在产品价格、营销策略、包装等方面进行调整。

第4篇
店铺运维

第 **12** 章

商品攻略：引爆转化率的爆款法则

商品甄选：直播选品的5个维度

选品是一个令直播电商颇为头疼的过程，许多电商都面临过"商品款式老旧""滞销库存积压过多""单品销量不佳"等问题，直接导致直播转化率大幅下降。如果不按照直播行业的规律与逻辑进行选品，很容易制订出错误的选品计划，挑选出的商品很难受到消费者青睐，更无法提高直播转化率。下面我们对直播选品流程进行详细分析，如图12-1所示。

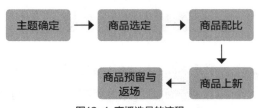

图12-1 直播选品的流程

主题确定

确定直播主题。直播主题主要分为场景主题和活动主题两大类。场景主题涉及电商所在的细分市场，例如"职场女性最爱口红大揭秘""春装上新"等；活动主题多根据重大促销节日拟定，例如"春节不打烊，好礼享不停""双11畅享全年最低价"等。

商品选定

根据直播主题敲定所要推荐的商品，这个过程需要考虑两大因素：风格与系列。每次直播尽量保持商品整体风格的统一，契合主题。商品之间最好可以组合搭配，发挥出"1+1>2"的销售效果。例如，主播推荐的上衣与裤子不仅可以单卖，还可以搭配销售。

通过表格可以更清晰地制定选品计划，明确每次直播所需的商品类型。如表12-1所示，一般选品表格都要具备"直播日期""主题""产品数量""产品具备条件""辅推产品"这5个基本要素。

表12-1 选品的5个基本要素分析

主题选品				
日期	主题	产品数量	产品具备条件	辅推产品
5月1日	"520"约会必学穿搭	60	优雅、浪漫、性感	配饰、帽子、高跟鞋等
5月2日	相亲必学穿搭	60	显瘦、有气场、裙装为主	单鞋、高跟鞋、包包、饰品等
5月3日	反季清仓专场	60	冬季羽绒服、棉衣等	压缩收纳袋、羽绒护理液、樟脑丸等

商品配比

制定好商品的配比规划。合理的商品配比规划需要把控以下3个因素。

（1）产品组合。比例得当的产品组合为不同产品特性的商品规定了最佳的供货数量，目的是消耗更多单品库存，提高利用率。一般来说，单品配置比例最好为流行主推产品占比50%，畅销单品占比30%，滞销连带产品占比20%；主次品类配置的最佳比例为主推类目占比95%，辅助类目占比5%，如图12-2所示。

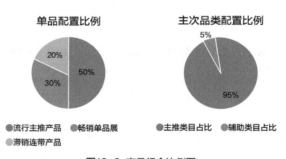

图12-2 产品组合比例图

每次直播的商品总数可以根据直播时长灵活调整，再根据规定好的配货比例挑选出每种比例所需要的商品数量，如表12-2所示。

表12-2 直播选品商品数量规划表

直播总款数	主类目95款					次类目5款	
	流行主推47~48款		畅销单品28~29款		滞销连带	5款	
	新品数量	预留数量	新品数量	预留数量			
100款	37~38款	9~10款	9~10款	19款	19款	5款	

（2）价格梯度。设置合理的价格梯度，吸引更多消费者的兴趣，让消费者可以根据其购买能力选择价位合适的商品。

（3）库存配置。库存配置要遵循"饥饿营销"的原则，根据直播间在线人数设置不同的库存数量，营造出限量商品的稀缺氛围，激发消费者的抢购热情，大幅提高商品的转化率。

商品上新

每次直播最好都有商品上新。商品上新既可以维持甚至提高消费者对直播内容的新鲜感与兴趣，还可以让更多商品获得更多曝光机会。每次直播中商品更新比例的最低要求如下：商品更新总数最好占商品总数的50%以上，其中40%用来推荐流行主推商品，剩余10%用来介绍畅销单品。

商品预留与返场

选好预留商品，做好返场准备。从已经直播过的商品中挑选一些高销量的优质商品进行二次售卖。首先，选出预留商品。直播团队可以将各大榜单作为挑选预留商品的参考标准，例如"店铺销量排行榜""直播宝贝TOP榜"等，也可以从所有的直播商品中挑选出销量较好的几款商品作为预留商品，这一比例最好不要低于10%。

预留商品重新返场主要集中在以下3个时间点：第一个是直播后一周内返场，提高这类商品在新粉丝中的商品转化率；第二个是货源准备不足或者新商品无法及时到位作为应急商品临时救场；第三个是作为各大节日的促销商品返场，吸引消费者关注。

商品展示：货品陈列的3种方法

直播间商品陈列的方式多种多样，一般多采用对称陈列法、对比陈列法以及节奏陈列法。

对称陈列法

所谓对称陈列法，就是把商品按照对称原则进行陈列。对称陈列具有规律性，可以给观众带来和谐均衡的心理感受。对称陈列主要有轴对称与中心对称两种方式，如表12-3所示。

表12-3 对称陈列的两种方式

陈列方式		优缺点
轴对称法	一般以货架中间为对称轴，在两侧对称摆放商品，可以根据商品种类、颜色、数量等摆放出矩形、梯形、三角形等多种造型	轴对称的陈列方式具有布局稳重、摆放均衡的优势，但如果过度使用这种方式，会显得直播间缺乏节奏变化、呆板无趣
中心对称法	将商品围绕某个中心点进行对称摆放。该中心点摆放的商品多为大力推广的新品或者预计销量较好的商品。常见的摆放造型有圆形和放射形	这类陈列方式更能够有效吸引观众视线，突出重点商品，使得放在中心的商品能够瞬间引起观众的关注

对比陈列法

对比陈列法就是将在品质、用途、色彩等方面相互对立的两种或者两种以上的商品摆放在一起。不同商品的比较与鉴别，同款商品的新旧变化等都适用于对比陈列法。这种方法强化了商品给人带来的感官差异，容易给观众留下深刻印象，具有突出主题、冲击力强等特点。

商品的对比主要体现在商品风格、色彩、质感、外形等方面。以色彩搭配为例，在直播电商运营过程中，除了价格、种类、用途外，颜色引起的视觉冲击所产生的作用也不可小觑。商家应该合理安排不同商品间的色彩搭配，给观众留下深刻印象。在没有特殊要求的情况下，商品陈列可以采用冷暖色调协调搭配的方式，尽量不要将包装颜色近似的商品放在一起，以免混淆观众视线。

色系陈列的原则是细节服务于主题。颜色的搭配组合要考虑整体风格。具体来看，商品颜色搭配可以分为渐变式、跳跃式和彩虹式3种方式，如表12-4所示。

表12-4 商品颜色搭配的3种方式

颜色搭配方式	适用范围	优缺点
渐变式	适用于产品颜色属于同一色系的产品组合	可以由浅到深，也可以由深到浅，颜色变化会使商品搭配富有层次感与节奏感
跳跃式	又称琴键式，按照商品的深浅间隔陈列，多用于系列化、组合化商品	以让放置在同层的商品显得稳重、节奏感强，带给观众舒适的观感
彩虹式	如果商品颜色丰富，选择彩虹式陈列是个不错的选择	彩虹式陈列可以同时展示多种颜色，带给观众丰富的视觉体验，适合品牌年轻、风格活泼的直播间

节奏陈列法

节奏陈列法就是指在陈列商品时要注意疏密得当、轻重缓急、有强有弱、分布鲜明，以免直播推荐的重点商品既不醒目又不突出。要把受市场欢迎、外观好、有品质的商品摆放在观众视线停留时间更长的黄金位置，冷门过时的商品放在不太容易引起关注的地方。黄金位置旁边可以陈列一些关联性强的商品，方便观众搭配购买。

主播讲解：商品推荐的6个技巧

在直播带货的过程中，主播介绍商品时要掌握一定的技巧，增强对观众的吸引力，激发观众的购买欲望，促成交易，具体来看，主播对商品进行讲解可以采用6个技巧，如图12-3所示。

图12-3 主播推荐商品的6个技巧

介绍产品品牌故事

讲好故事是打动人心的重要手段。一个好的产品故事不仅能够增加观众对商品的认知与好感，而且还能通过主播富有人情味的解说进一步提高品牌形象。有些自主品牌可能没有太高的知名度，但可以通过介绍品牌的创建历史、企业理念、售后服务等在观众心目中塑造一个良好的品牌形象。

从产品的外观到内涵进行详解

要全面准确地为观众介绍商品。商品介绍要注重层次感,可以采取由外及内的介绍方式,例如,先告知观众商品的材质、成分等,再讲解商品的用途、触感等。因为观众无法亲自感知商品,主播必须用极富表现力的方式展示商品卖点,用夸张的肢体动作与面部表情突出商品的吸引力。

罗列产品的卖点和优势

除了声情并茂地讲好故事外,有理有据地讲清楚商品的核心卖点更是直播卖货的关键。主播必须在5分钟的讲解时间内提炼出2~3个对观众来说最有价值、最契合其需求的卖点进行详细描述,不能一味地自说自话,必须在与观众的互动中有针对性地回答观众提出的问题,让观众全面、深入地了解商品,增加对商品的兴趣。

为产品营造一个场景

介绍商品时要注意为商品营造合适的使用场景,并通过形象生动的语言展示出来,让观众真切感知到这款商品的好处。同时,主播团队可以引导观众参与互动讨论,在与主播或其他观众交流的过程中加深对该商品的理解。

读出一些产品的优质点评

其他观众对商品的评价会直接影响到观众是否选择购买商品。观众更容易购买销量大、好评多的商品。在直播过程中,主播不妨随时阅读一些质量高的观众好评,最好一并念出观众昵称,提高评价的真实性与说服力。

给粉丝直播优惠价

直播进入尾声,主播可以使用粉丝分层、使命奖赏等形式提高粉丝的参与度,让粉丝感受到主播对他的重视程度,然后用限时抢购、粉丝专属福利等进一步促进转化。

在一场3~4小时的漫长直播中,如何能够在买家感到疲乏时继续维持直播间的活跃度呢?主播可以适时地插入几次抽奖活动、粉丝优惠等方式回馈买家的参与,刺激买家的互动欲望,这种做法不仅能够提高买家的参与度,更能让买家感受到主播对他们的重视与在乎,从而提高对主播的好感与信赖,积极购买,促使商品销量显著提升。

引爆销量：头部主播直播带货的秘诀

提及淘宝主播，人们联想到的是头部主播。他们的淘宝粉丝超过1000万，单场直播最高观看数过千万，单场直播最高点赞数亿，单天直播引导成交额更是高达几十亿元。随着直播电商不断发展，淘宝直播平台上的主播越来越多，他们为什么能够冲突重围，跻身头部，并长久地保持自己的优势？这或许与其超强的带货技巧密不可分。下面，我们对某头部主播直播带货的技巧进行深入分析，如图12-4所示。

- 严格的产品过滤提高信任度
- 提出消费者事先不知道的问题或需求
- 向特定受众销售特定产品
- 建立特定受众的忠诚度和主人翁感
- 措辞谨慎以避免售后问题
- 邀请有主持经验的名人

图12-4 某头部主播直播带货的六大技巧

（1）严格的产品筛选提高信任度

电商主播想要获得消费者信任，积累忠实粉丝，必须对自己销售的产品负责。头部主播推销的产品都经过团队精心挑选，团队成员会投入大量时间与精力对每款产品进行测评，产品只有通过测评才能加入展示列队。为了做好产品筛选，头部主播专门组建产品测评小组：

- 一组专门负责挑选产品，考评品牌声誉；
- 二组专门负责查看产品成分，保证产品安全；
- 三组负责对产品进行测试。如果是食品，他们会试吃，给出试吃评价；如果是美妆用品，他们会试用几天给出试用效果。

严格的产品筛选为头部主播积累了一个庞大的高忠诚度的粉丝群体，他们相信其推荐的产品安全、可靠，并且热衷于在直播间参与产品"秒杀"与抢购活动。

（2）提出消费者事先不知道的问题或需求

想消费者之未想，急消费者之所需，是电商主播直播带货的第二大秘诀。

仍以某头部主播为例，在一次直播中，他要向观众推销一款牙线。在国人心目中，低价的牙签完全可以代替牙线，所以这款产品对于他来说是一个挑战。出人意料的是，他并没有向观众解读牙签与牙线的区别，而是从安全角度切入，告诉观众"家里有孩子的朋友要注意了，如果你习惯使用牙签，孩子可能会模仿你使用牙签，这是非常危险的。因为牙签非常尖利，很容易刺伤孩子的牙龈或者眼睛，而使用牙线则不会出现这种问题。"

这一番话阐明了一个消费者事先不知道，也从未想过的问题——孩子使用牙签不安全，刺激消费者做出购买决策，最终这款产品的销量远远超出了商家预期。

（3）向特定受众销售特定产品

有些产品有特定的受众群体，例如母婴产品、美妆产品等。对于这类产品，电商主播要专攻特定受众，以保证产品销量。例如，在一场直播中，某头部主播要向观众推荐一款定价2000元的专门用于存储化妆品的冰箱。因为这款产品有特定的受众，所以他没有试图说服所有人购买这款产品，而是聚焦那些经常购买高端美容产品的用户，说服她们下单。

（4）建立特定受众的忠诚度和"主人翁"感

国内的电商主播习惯用"宝宝""亲爱的"等词称呼观众，虽然这种称呼很容易与观众建立亲密关系，但因为太过普通，无法建立特定受众的忠诚度。为此，有些主播会别出心裁，为自己的粉丝取昵称，如"某某的女孩"，不仅明确了自己的目标受众群体是女性，而且与粉丝建立了一种附属关系。只要你进入直播间就会成为其部落的一份子。

（5）措辞谨慎以避免售后问题

在电商直播过程中，主播对商品的讲解必须谨慎，尤其是对功能性产品的讲解，以免引发售后问题。例如，推销一款减肥茶，某头部主播没有过多地讲解其减肥效果，而是说"这款减肥茶的味道不错，而且不会导致胃部不适"，巧妙地避开了可能引发争议的卖点。

（6）邀请有主持经验的名人

名人可以带动销量，在电商直播过程中为了提高带货量，主播可以邀请一些有主持经验的名人到场，共同推荐产品。例如，某头部主播曾邀请多位名人进入直播间，那几场直播吸引了海量观众，产品销售数据表现极佳。

第 13 章

内容攻略:让你的直播间流量飙升

脚本策划：直播脚本的撰写技巧

直播脚本的策划内容主要包括直播内容、直播流程、直播活动及人员分工等。在撰写直播脚本的过程中，运营人员需要与主播沟通，以确定直播脚本的可行性。脚本的策划与撰写对于一场直播活动来说至关重要，其功能具体体现在3个方面，如表13-1所示。

表13-1 脚本的3个功能

功能	具体描述
梳理直播流程	电商直播最忌讳的就是不做准备，开播前才开始考虑直播内容。由于没有提前规划，导致主播在直播中不知所措，出现尬播、尬聊等情况，影响直播效果。解决这一问题的较好方式就是提前梳理直播流程，撰写直播脚本
管理主播话术	脚本可以为主播的直播行为提供指导，让主播知道应该在什么时间做什么事情，如何介绍产品，怎样回答观众的提问，保证直播效果
便于总结	很多直播团队都会在直播结束后召开总结会。借助直播脚本，主播可以回忆整个直播过程，后台管理人员也可以做好数据总结

写直播脚本有哪些要点

直播脚本写作需要有以下3点需要注意，如图13-1所示。

图13-1 直播脚本写作的3点注意事项

（1）一周一脚本

为了能够对直播工作做出合理安排，直播团队最好一个星期规划一次直播脚本，减轻运营工作量，同时让直播工作实现无缝衔接，为直播后的总结反思提供便利。

（2）周期性游戏

电商直播不能像秀场直播一样过度展示个人才艺，为了吸引粉丝，主播可以设计一些小游戏，如每周二"秒杀"，每周五新品一折等，通过这些周期性的游戏持续吸引观众。

（3）产品要点

直播脚本必须有产品要点提炼，而且最好整理成册，以便主播能够在短时间内对产品做出全方位了解。产品要点提炼需要直播团队共同完成，主播最好参与其中。

如何写直播脚本

直播脚本可以分为两种类型，一种是单品脚本，另一种是整场脚本，如表13-2所示。

表13-2 直播脚本的两种类型

脚本类型	写作注意事项
单品脚本	单品脚本最好以表格的形式呈现，清晰展现产品的卖点与利益点，还要包括品牌介绍、引导转化、直播间注意事项等，以保证对接过程清楚顺畅
整场脚本	整场脚本是对整场直播的规划与安排，包括两大重点内容，一是直播逻辑与玩法的编写，二是直播节奏的把控

直播脚本模板如表13-3所示。

表13-3 直播脚本模板

XXX直播脚本	
直播主题	2020年秋季新品发布
主播	主播昵称
主播介绍	例如，时尚博主、"网红"主播、粉丝数量
内容提纲	
前期准备	明确直播目标、直播宣传预热、人员分工、设备检查、产品梳理
开场预热	自我介绍，与粉丝互动
品牌介绍	介绍品牌相关信息，引导粉丝关注店铺
直播活动介绍	介绍直播福利、直播流程，进行诱惑性引导
产品讲解	多角度介绍产品，语言生动，富有感染力
产品测评	立足于顾客角度全方位体验产品
产品性观众互动	案例讲解、故事分享、解答顾客疑惑
试穿分享	对产品进行客观评价，分析产品的优势与不足
抽取奖品	在抽奖过程中穿插用户问答
活动总结	再次强调品牌、活动及个人
结束语	引导用户点击关注，预告下一场直播
复盘	对直播活动进行总结，发现问题，调整脚本，优化完善

标题拟定：设置有吸引力的标题

在电商直播过程中，直播标题拟定是一个非常重要的环节。一个好的标题不仅可以吸引用户的目光，增加直播间的流量，还能切中平台的推荐逻辑，让直播活动实现大范围传播。相反，一个不好的标题极有可能将优质内容埋没，导致直播团队的辛苦与努力付诸东流。那么，直播团队怎样才能为直播活动取一个合适的标题呢？如图13-2所示。

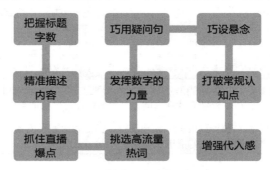

图13-2 直播标题拟定的9种方法

（1）把握标题字数

电商直播的标题字数最好控制在10～30字，以20字左右为最佳，包括汉字、英文字母、标点符号、数字字符在内，字数过多会增加受众的理解难度，字数过少会导致主题表达不清晰，都无法产生较好的效果。电商直播的标题字数不在多，在于是否能做到凝练、有吸引力。

（2）精准描述内容

电商直播活动的标题必须与内容紧密相关，因为抖音、快手等平台的分发系统会从标题中提取关键词，将其有针对性地推荐给用户，然后根据直播内容的播放量、用户停留时长、评论数决定是继续向用户推荐，还是将其过滤掉。因此，对于电商直播活动的标题来说，关键词就显得尤为重要。如果标题的关键词清晰简明，直播活动就更容易被算法识别，推送给目标用户。用户看到关键词，如果符合其喜好、偏好，就会点击进入直播间。

（3）抓住直播"爆点"

一个好的直播标题除了要精准描述内容之外，还要展现活动"爆点"。如果一个电商直播活动的标题能够将内容完全地展现出来，必然能够引爆平台。所以，直播团队要尽量挖掘电商直播活动的"爆点"，将其在标题中呈现出来，借此提高标题的辨识度。当然，直播团队最好将电商直播活动的"爆点"放在标题开头，帮用户明确内容，降低用户的观看成本。

(4)挑选高流量热词

直播团队在拟定标题时可以选用高流量热词,选择这类词时可以参考热搜指数与百度指数。除此之外,在拟定标题之前,创作者还可以通过百度指数查询"需求图谱"与"人群画像",让标题关键词与目标受众实现高度匹配。

(5)发挥数字的力量

在快手、抖音等平台,有一个指标最能体现流量质量,就是"页面停留时间"。直播团队如何拟定标题,才能吸引用户进入直播间,并在直播间长久停留呢?有研究显示,相较于没有数字的标题,含有数字的标题可以让用户快速记忆。例如"商品清仓,品牌直卖"与"商品清仓,低至2折",同样的内容,后一个标题会吸引更多用户点击进入直播间。

(6)巧用疑问句

陈述句、疑问句、感叹句是直播间标题最常用的句式,每一种句式都有自己的特色。其中,疑问句可以激发用户的好奇心,相较于一般感叹句来说,这种句式的引导效果更好。

(7)巧设悬念

在标题中设置悬念,借助标题讲故事不仅可以产生吸引力、感染力,还能提升传播力与引导力,吸引更多用户进入直播间。

(8)打破常规认知点

为了提升直播间的曝光度,很多直播团队在拟定直播标题都会"蹭热点",导致平台出现了大量同质化的标题,引起用户反感。在这种情况下,打造差异化标题就变得非常重要。例如,直播团队可以从一些热门事件中提取一些不符合常规的观点,将其植入标题,也可以有效吸引用户。

(9)增强代入感

增强直播间标题的代入感是为了拉近主播与观众之间的心理距离,让用户从内心感受到直播活动的价值,从而对直播活动产生期待与认可。一旦用户产生通过这场电商直播满足自己购物需求的意愿,就会主动将其分享出去,为直播间带来更多流量,提升直播间的热度,保证最终的转化效果。

封面制作:直播封面的设计规范

电商直播必须有极具吸引力的封面图才能让更多人点击观看。因此,在预告之外,直播封面图的设计也非常重要，它承担着吸引用户注意力的重要作用，所以直播团队必须掌握直播封面图的制作技巧。

直播封面的设计规范

电商直播封面图应该如何设计？直播封面图的尺寸不能小于500×500，通常以750×750为宜。直播封面图的设计规范可以参考以下标准。

- 为了保证图片整洁，除标题文字之外，图片上不准有其他任何文字
- 图片色彩不能太过冗杂，保持明亮就好，在色调上要能与直播内容相呼应，不可掺杂其他广告
- 不要让图片上的播放键标识挡住人物，调整好人物照片，保持整体的美观度
- 由于直播间背景一般为白色，所以为了使图片更加鲜明，最好使用背景颜色为其他颜色的图片
- 为了让图片获得更好的视觉效果有美感，建议不要使用合成图
- 为了提高点击量，尽量每次直播时选择不同的图片做封面图，以免让买家觉得你在直播相同的东西

不同直播类型封面推荐

不同类型的带货直播要设计不同的封面图，如表13-4所示。

表13-4 不同类型的直播封面图设计标准

直播类型	封面图设计标准
美妆类	A. 封面上不能只有宝贝而没有主播的人物形象 B. 展示主播化妆前后的变化 C. 图片要体现标题的全部内容，与标题中的妆容类型相符
潮搭类	A. 必须是主播形象与服饰 B. 展示出主播搭配前后的变化 C. 必须与标题中的穿搭信息保持一致
全球购	A. 封面为主播在国外地标性建筑旁的照片或标明产地的产品实拍图 B. 图片首先要有版权，其次要与标题内容、商品产地的地域特色相符
吃播类	A. 可以是主播或者主播+美食图片 B. 如果将菜品图作为封面，必须让美食看起来色泽诱人，能够吸引观众，同时使直播标题的格式保持固定

优秀的封面图并不难制作。建议直播团队学习头部主播直播封面图的制作方法，取长补短，参照头部主播的封面图来完善自己的封面图，同时做好细节处理，使封面图呈现出更好的效果。

详情页：有效提升商品的转化率

商品宝贝详情页也能在很大程度上左右商品转化率。制作出高转化率的详情页需要一定的技巧和策略，如图13-3所示。

图13-3 高转化率详情页制作的五大技巧

（1）选定3个竞品

"知己知彼，百战不殆"。了解竞争对手的优势与劣势，才能制作出更具吸引力的宝贝详情页。挑选竞品时的主要依据，如表13-5所示。

表13-5 竞品选择的四大依据

竞品选择依据	具体事项
同一商品类目	所选定的分析对象一定要和自己属于同一商品类目。商品类目尽量细分，大类目下还有二级类目、三级类目等，划分得越细致，对比数据就越可靠
风格定位接近	店铺的风格定位能够帮助主播进一步筛选出合适的竞争对手。尤其是在非标品市场中，要尤其注意竞品风格与自身商品的接近性
同一价位区间	价格也是划分不同目标消费者群体的重要指标。如果直播商品主要集中在较低的价格档次，那么定价高昂、主要面向高消费能力人群的商品肯定不是竞品
搜索流量前列	在做好竞品分析后，挑选高人气商品作为借鉴对象，一般挑选搜索流量前三位的就够了。阿里巴巴旗下专业的数据服务平台"生意参谋"是个不错的流量查询工具

（2）拆解竞品宝贝详情页

在挑选好竞品后，接下来就是通过对竞品的主副文案、功能介绍等具体内容进行深度拆解，例如，怎样撰写主副文案，如何搭配图片，如何强调商品卖点，如何提高商品销量，明确这3款竞品各自的优势与缺点。

（3）研究竞品的用户评价

研究竞品的用户评价是了解消费者的痛点与需求的捷径。好评能够明确商品的哪些功能是消费者看重的，差评则向商家反馈了商品需改进的地方。

（4）研究宝贝子类目热搜关键词

研究商品的热搜关键词能够帮助商家进一步锁定潜在的目标用户群。热搜关键词尽量细分，与所处的细分领域越贴近，从中挖掘出来的数据就越能体现消费者需求。

（5）搭建自己宝贝的详情页框架

一般来讲，宝贝详情页至少要包含标题、首图、图片说明、文案、短标题、商标、价格、反馈方式、整体设计九大内容，如表13-6所示。

表13-6 宝贝详情页的主要内容

类目	具体内容
标题	目的是吸引消费者视线，明确商品的核心卖点。拟定标题不宜过长，能够简明扼要地向消费者传递商品的核心卖点即可
首图	强化消费者的购买欲望。首图的重要性在于决定了消费者是否愿意继续浏览。因此，首图通常会放置最吸引消费者的要素，注意不要配有过多、过小的文字，否则很容易让消费者心生厌倦
图片说明	图文并茂，图文相符。单纯的文字不够生动，很难激发消费者的购买欲望，而只有图片又会让消费者无法明确商品的优势与功效，因此采用图文搭配的方式效果最佳。图文搭配要注意图文相符，否则会降低消费者对品牌的信任度
文案	传递信息，提高信赖。文案不仅要向消费者传递商品卖点，还要传达品牌的内在理念。精彩的文案会让消费者对商品的购买兴趣大增，也会提高消费者对品牌的信任度
短标题	让消费者持续关注。想要降低消费者在浏览图文详情过程中的跳出率，就要在消费者切换页面时用短标题进行提示，告知消费者此页的精彩内容
商标	权威认证，提高信赖。相比于店铺的自我展示，第三方的权威认证更有说服力。商家不妨在详情页中展示消费者的买家秀、其他平台的推荐信息、自身产品所获得的荣誉等内容
价格	突出优势或者说明合理性。如果发现商品的价格极具竞争力，一定要通过与竞争对手作比较来突出这一点；如果商品价格不具备竞争优势，不妨通过说明商品做工精细、品牌知名度高等向消费者解释价格设置的合理性
反馈方式	提高商品的回购率。促销信息多设置在尾页，如优惠券、代金券、满减券等，目的是让新买家转化为老买家，让老买家更信赖品牌，从而提高回购率
整体设计	要对宝贝详情页上的所有要素进行统筹安排，确定相对一致的风格，向消费者传递统一的品牌理念

第 **14** 章

图片攻略:店铺与产品的设计技巧

店招设计：打造独特的店铺风格

当买家进入店铺后，映入眼帘的首先是店铺的设计风格。如果店铺设计对买家具有极强的吸引力，就能够大大提高买家的停留率，提高买家购买商品的概率。因此，直播电商一定要重视店铺设计，力争给买家留下不错的第一印象。通常来说，有7个要素是一个成功的店招设计必须具备的，如图14-1所示。

图14-1 店招设计的7个必备要素

主推商品

店铺头屏一般宣传店铺的主推商品。根据自身安排与市场需求等多种因素，主推商品包括参与淘宝各类促销活动（如聚划算、有好货、爱逛街等）的打折商品，店铺大力推广的新上市商品，销量不错的爆款商品以及店内品质最好、价格最贵的高档商品等，如图14-2所示。

图14-2 阿迪达斯鼠年新品推荐图

店铺优惠券

　　店铺的第二屏多选择放置优惠券、代金券、满减券等促销券，如图14-3所示。其放置位置比较靠前，希望达到以下两个目的。

　　（1）制造卖点。价格永远是影响购买行为的重要因素。如果用户在浏览完主推商品后有些动心，接下来看到优惠信息就会大大提高购买欲。

　　（2）减少售后服务的麻烦。如果将促销信息放在店铺页面不显眼的地方，等到用户购买之后才发现，一定会产生上当受骗的气愤感，不仅会投诉，从而增加售后服务的工作量，还会对店铺产生厌恶。

图14-3 店铺优惠券

店内搜索框

　　一般店招设计精美的店铺绝对少不了商品搜索框的设置，以便消费者按需搜索商品关键词。大部分店铺都将搜索框放置在顶部的导航条上，因为绝大多数消费者都喜欢通过搜索关键词来购买商品。

店铺Slogan

　　店铺Slogan即品牌口号，目的是向消费者传递店铺或公司的商品理念，强调自己最突出的卖点或优势，让消费者愿意选择购买商品。制作店铺口号没有什么具体限制，只要能够给消费者留下深刻印象，根据自身特色量身打造即可。

店铺Logo

　　一定要把店铺Logo放在页面的显眼位置。Logo是一家店铺区别于其他店铺的显著标志。"收藏店铺"或者"点我收藏"按钮一般会设置在店铺Logo附近,或者放置在店招最右端的显眼处。消费者收藏店铺后,会及时得知该店铺最新的商品信息,获得店铺定期为其推荐的商品,因此直播电商一定要鼓励消费者关注和收藏自家店铺。

品牌群/店铺群

一些大型公司同时拥有几个品牌,会开设多个栏目条甚至多个店铺。为了发挥品牌联动的优势,这类公司会罗列出旗下所有品牌的栏目条,为消费者提供多种选择。如图14-4所示,"联合利华官方旗舰店"就把"多芬""清扬"等品牌放置在一起。

图14-4 联合利华官方旗舰店的品牌栏目条设计

店招色调

最后一个要素就是店招的整体色调安排。店铺色调的选择需要考虑以下3点因素。

(1)是否符合品牌形象?很多品牌都有自己的主打色,就是为了让消费者巩固对品牌的印象。例如,提到可口可乐,大家都会联想到红色。

(2)是否体现节日氛围?在不同的节日选取对应的色调烘托节日氛围。如图14-5所示,百雀羚在新年将至的时候将页面色调调整为红色,体现了喜气洋洋的氛围。

图14-5 百雀羚新年红

（3）是否明确商品主体？店招设计的根本目的在于提高商品的销量，因此店铺色调的设计也要考虑能否更好地帮助消费者明确商品主体。如图14-6所示，匹克旗舰店的背景色调选择了浅蓝色，就是为了让商品突显出来，吸引消费者的目光。

图14-6 匹克旗舰店的浅色调设计

宝贝展示：产品图片的拍摄技巧

产品图片直接影响着消费者对产品的第一印象，为了保证产品图片的拍摄效果，摄影师可以尝试使用如图14-7所示的十大技巧。

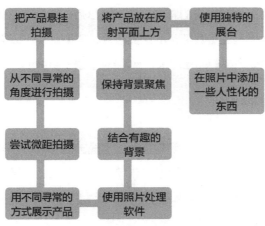

图14-7 产品图片拍摄的十大技巧

把产品悬挂拍摄

许多商家为了增强产品的视觉效果,会将产品悬挂起来拍摄。悬挂产品时要注重创意性,例如采用不同的悬挂方式,倒着、歪着或侧着,或者将商品悬挂在能够与其相互协调的环境中,如图14-8所示。悬挂产品所使用的绳索等物品也要给人以幽默、新奇的感觉,从而增加图片的亮点。拍摄产品时要注意灯光与产品的搭配,尽量多拍几次,从中挑选一张效果最好的照片。

图14-8 产品悬挂拍摄

从不同寻常的角度进行拍摄

在拍摄时,为了避免呈现出来的影像扭曲,摄影师一般会让相机和产品保持在同一水平进行拍摄。但有时为了得到更具新意的产品照片,摄影师也可以尝试从不同寻常的角度进行拍摄,哪怕只是简单地将产品挂起来、从底部向上拍摄也可以,如图14-9所示。

尝试微距拍摄

在产品目录功能页中,微距产品照是重要的组成部分,一般会与产品的其他照片共同展示出来,有时也会作为让人眼前一亮的广告单独出现。在进行微距拍摄时,摄影师要借助明亮的灯光将产品细节拍摄清楚,如图14-10所示。

第 **14** 章　图片攻略：店铺与产品的设计技巧

图14-9　从不同寻常的角度拍摄产品

图14-10　微距拍摄展示产品细节

用不同寻常的方式展示产品

面对一件产品，主播可以设想已经把它应用到了日常生活中，将产品各种可能的用途罗列出来，用不同寻常的方式将产品展示出来，寻找更有创意的拍摄方式。为了让产品展示思路更清晰、更完善，主播必须做好产品设计、布景安排、数字编辑等各项工作，如图14-11所示。

图14-11 将产品置于生活场景中进行展示

使用照片处理软件

通常情况下，照片处理离不开平面设计师的帮助，但如果主播的照片处理技巧足够娴熟或者想借此机会自学Photoshop和Illustrator软件，可以尝试对原来的产品照片进行处理。

结合有趣的背景

许多产品照片为了凸显产品，都会使用相对简单的背景或者选择一个能够映衬产品的背景。实际上，为了使产品更加吸引消费者的目光，主播可以设计一个有趣的背景，以增加产品的趣味性，如图14-12所示。

第 14 章 图片攻略：店铺与产品的设计技巧

图14-12 结合有趣的背景展示产品

保持背景聚焦

尽管背景失焦有助于凸显产品，但清晰的背景可以更直白地表明产品的用途。所以在设计背景时，主播可以使用一些小道具，将其融入产品的背景，如图14-13所示。

图14-13 小道具融入产品背景

将产品放在反射平面上方

产品在反射平面上形成的倒影会增加产品照片的趣味和意境。主播可以利用镜子或较浅的水盆使产品拥有倒影,也可以通过照片处理软件做出产品在水中的倒影效果;同时,记得借助灯光制造一个好的光影效果,最后再对照片进行编辑加工。

使用独特的展台

造型独特新颖的展台也能帮助产品照片增强吸引力。一般情况下,为了提升产品的格调与层次,最好选择具有新意的展台,如一个旧箱子、一套旧桌椅、一个牛皮鼓等,如图14-14所示。

第 14 章　图片攻略：店铺与产品的设计技巧

图14-14　使用独特的展台展示产品

在照片中添加一些人性化的东西

将产品照与人性化因素相结合，赋予产品一个拟人化的性格。主播可以先收集用户对产品的看法，然后以大众的看法为出发点，为产品构思一个故事。也可以将消费者的晒图好评整理成一系列故事，产品就是将这个系列故事串联起来的元素。

店铺主图：设计要点与优化技巧

相关统计数据表明，买家浏览一张商品图片只需0.28秒，相当于眨一次眼的时间。要想在如此短的时间内吸引消费者的注意，必须制作一张新颖别致、独具特色的主图。主图不仅是一张展示商品的普通图片，更是促使消费者关注自家商品的法宝。

瞄准对手，注重创新

如果有多张主图，第一张主图的选择最重要，因为它直接影响着商品的点击率。因此，第一张主图一定要选择最具吸引力、最有创意的产品图片，这就需要主播发挥创新精神，瞄准竞争对手忽视的地方来展现自身优势。在产品图片严重同质化的当下，如果店铺主图能够做到差异化，就能从海量的店铺中脱颖而出。例如，销售一款果汁机，主要用来给宝宝制作营养餐。其他店铺都在宣传这款果汁机低廉的价格，如果主播能从安全性高、品质高等角度切入，一定比简单粗暴的低价更能提高商品的销量。

重视"图文结合"，注意"图文相符"

产品主图一定要重视"图文结合"以及"图文相符"，为产品主图搭配简明扼要的关键词让消费者明确商品的卖点。选择关键词需要注意3点，如表14-1所示。

表14-1 选择关键词的3个要点

关键词选择要点	具体要求
配合图片的宣传亮点	例如产品图片表现的是这种裤子弹性好，结果你搭配的关键词却是"颜色丰富"，会让消费者摸不清这款产品的优势究竟在哪里
字数要少而精练，字体要大而突出	消费者浏览图片的时间很短，不会仔细阅读图片中的小字，因此要放大字号，突出商品的优势，提炼出至少两个卖点，要让其看起来一目了然
尽量使用阿拉伯数字	使用阿拉伯数字能够让消费者更快地接受产品所要传递的信息

放大产品比例，突出商品主体

设置产品主图的根本目的在于向消费者展示商品，吸引消费者的注意，因此在选择图片时需要注意3点，如表14-2所示。

表14-2 选择图片的3个要点

图片选择要点	具体要求
保证图片的清晰度	选择高清图片，保证图片的清晰度
尽量选用纯色或白色背景	不要把无价值的冗余信息或多余背景放在产品图片中，否则会干扰消费者的注意力
注意产品的位置	要将产品放置在图片中间，最好占据整张图片面积的1/3以上；可以根据产品的特点展示产品整体，也可以展示产品的个别细节

选择工具，测试效果

如果不确定产品主图的实际效果如何，可以使用专门的工具进行测试，如淘宝直通车等。提前测试能够帮助主播挑选出最有可能大幅度提高产品销量的图片，从而节约开支，减少后续宣传推广费用的投入。产品测试可以一次选择4~5张各不相同的图片进行，并选择一个合适的时间段（最好不要在节日期间）将图片直接添加到直播车中，只创建一个创意标题即可，不要更改创意标题，测试30个点击或者4000个展现就够了。根据测试结果，选择点击率最高的图片作为产品主图。

更换主图要注意时间点的选择

更换产品主图最好选在午夜11~12点进行，以便与前一天的各类数据进行比对，判断更换主图的实际效果以及接下来的调整方向。淘宝平台系统通常在这个时间段对新更换的图片进行收录测试。切记不要在商品准备下架或者流量高峰期更换产品主图，否则无法测试出图片的真实效果。同时，如果更换的新主图的点击效果较差，在人流量较少时更换对店铺的降权影响也会比较小。

为防降权，更换主图的次数不宜频繁

如果没有特殊情况，不要频繁更换主图。很多卖家没有经验，在一段时间内盲目地更换多张图片，这种行为很容易被淘宝平台定性为"偷换宝贝"，会对店铺造成极大的负面影响。如果需要更换，可以先将新主图上传，放在第二张图片的位置，当淘宝系统24小时更新后，再将该图移到第一张图片的位置。

在图片上添加促销文案

除了精心挑选作为封面的首页主图外，其他主图（一般为4张以内）也需要合理安排，让消费者产生继续浏览的兴趣。主播可以在这些图片上添加适当的促销文案，将商品的4~5个核心卖点用文字形式、按照重要程度添加到这些图片上，以激发消费者的购买欲望。不过，在安排文案位置时注意不要太靠近图片的边缘，以免文字被遮盖。

自我测试主图效果

首先，直接查询主图所搭配的关键词，了解自家商品在结果页上的排名与销量。

其次，根据排名与销量结果，把主图的优势和劣势与竞争对手进行比较。

再次，从消费者的角度出发，判断产品主图能否引起消费者的点击欲望。

最后，要注意同一张产品主图在PC端与手机端呈现出来的清晰度可能不同。因此，主播在检测完PC端主图后，还要查看一下手机端的主图是否完整、图片文字或者店铺Logo是否清晰等，确保消费者能够通过主图获取完整的商品信息、不会产生误解。

促销海报：海报制作与优化技巧

促销海报会在一定程度上影响最终的转化效果，为保证成交转化率，促销海报的制作要讲究一定的技巧，如图14-15所示。

图14-15 促销海报制作的六大技巧

明确促销主题

商品的促销主题决定着本次海报的宣传核心，因此要在正式制作海报前明确促销主题，统一海报所需的文案内容与其他信息。

首先，海报设计要把促销信息放在中间位置，突出重要内容，让消费者一眼就能捕捉到本次促销的核心信息，刺激消费者产生购买冲动。

其次，放大字体，添加图层效果，让海报主次分明、详略得当、更具立体感。除了黑白灰外，海报的颜色最好不要超过3种。颜色过于丰富，不仅不容易突出促销重点，而且容易让消费者感到视觉疲劳。海报设计可以选用红、橙、黄等亮度较高的颜色，会更加引人注目；也可以根据季节或者节日选择合适的颜色，例如夏天选择一些冷色调，让消费者产生清新凉爽的感觉。

人物比任何商品更具吸引力

在琳琅满目的商品促销信息中，为海报添加人物元素，可能会取得意想不到的宣传效果。相较于单纯地放置商品，添加人物更能吸引消费者注意。添加人物有两点需要注意，如表14-3所示。

表14-3 在海报中添加人物的两大注意事项

人物添加要点	具体要求
注意人的视线停留习惯	一般消费者都习惯从上到下、从左到右地浏览商品，因此可以把人物放置在海报左侧的合适位置
不要让人物喧宾夺主、干扰商品的宣传	添加人物元素的根本目的还是为了商品促销，要注意平衡人物构图与促销信息之间的关系，若干扰到商品宣传就得不偿失了。海报设计可以采用"人物+商品"的形式突出促销信息

海报的副标题点到即可

海报的副标题通常放置在海报主题文字附近，字体要更小一些，以便突显主要信息。海报副标题的作用就是为店家宣传商品提供一个合适的理由，可以是某个重大电商节日（春节、"双11""女王节"等），也可以是店铺周年庆等。副标题无须刻意突出，只要简单提到即可。

突出促销时间

在海报上强调促销时间可以让消费者产生紧迫感，提高商品的转化率。这里提供4个设置促销时间的诀窍，如表14-4所示。

表14-4 设置促销时间的4个诀窍

设置促销时间的诀窍	具体要求
阶梯式设置	在不同的时间段设置不同的促销方式。这种设置促销时间的好处在于可以让消费者多次光顾店铺，提高店铺的回访率，持续吸引消费者关注
节假日设置	在重大节日，消费者的消费欲望更强烈，设置一个合理的促销时间可以显著提高商品销量
淡季设置	淡季店铺人流量较小，设置一些折扣力度大的商品开展促销活动可以有效缓解引流难题
新品推广设置	新品上市时也要注意突出促销时间，用数量有限的优惠商品让更多人知晓新产品

辅助信息字体宜小

在海报主体内容确定之后,还要对一些辅助信息做好备注,如活动限制、注意事项等。一般来说,这些信息不太重要,可以选择较小的12号字体,放置在海报的最下面。

添加适当的装饰性元素

在海报的总体布局确定之后,可以适当地点缀一些与主题相关的装饰性元素,让海报看上去更美观、更生动。选择的装饰性素材最好与本次促销主题有关,例如,春节促销海报可以选用红灯笼、红鞭炮等极富年味儿的元素。

此外,添加的装饰性元素不宜过多,要注意留白。装饰过多不仅会导致商品主体不够明确,也会让消费者感觉不舒服;但留白过多又会损害促销氛围,所以海报设计要把握好这两者之间的关系。比较稳妥的方法是四角稳定法,即在海报四角放置素材,让整体布局显得均衡稳定。

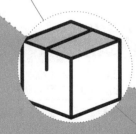

第5篇 直播转化

第 **15** 章

"吸粉"引流：
粉丝运营与维护
的技巧

粉丝获取：直播引流的推广渠道

电商直播活动要想取得成功，需要有庞大流量的支持。流量不仅要规模大，而且要足够精准，这就对活动推广渠道的选择提出了较高的要求。那么，常见的直播电商活动的推广渠道有哪些？这些推广渠道都有什么特征？营销人员应该如何利用这些渠道进行推广呢？

内部渠道

内部渠道是指商家自有的渠道，也被称为企业的官方渠道。常见的内部渠道推广方式有3种，如图15-1所示。

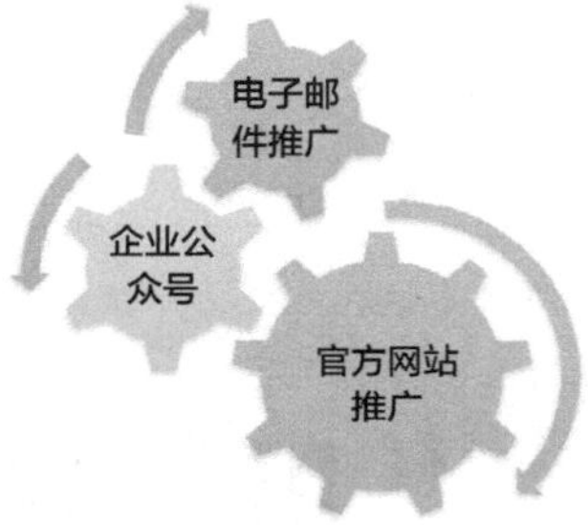

图15-1 内部渠道推广的3种方式

（1）官方网站推广。官网具有树立品牌形象、产品展示、传播企业文化、发布资讯、品牌推广等功能。在消费者看来，官网是其获取企业信息与服务的权威性渠道。因为是企业的自有渠道，所以在官网做推广几乎没有什么成本。那么，电商直播活动如何用官网做推广呢？推广人员可以在官网的黄金展示位或者活动版块添加直播电商的活动信息，并提供直连直播间的链接、二维码等，感兴趣的用户可以直接跳转到直播间参与活动。

（2）企业公众号。企业官方微博、微信、抖音号、快手号、搜狐号、头条号等公众号都可以为直播电商活动做推广，这些公众号拥有社交平台的官方认证，能够为活动做背书。下面分享一些用微博及微信公众号对直播电商活动进行推广的技巧，如表15-1所示。

表15-1 微博及微信公众号推广技巧

推广方式	推广技巧
新浪微博推广	推广人员可以设计两张活动banner图，将其链接至活动专题页及直播间；也可以在微博发起主题活动，邀请粉丝转发、评论，为直播电商活动充分预热
微信公众号推广	制作活动图文内容，利用微信订阅号或服务号进行推送。直播电商用户大多比较年轻，所以图文内容应该尽可能地生动、有趣，融入一些创意，吸引用户点击阅读，并分享到朋友圈

（3）电子邮件推广。虽然电子邮件推广是一种非常传统的推广方式，而且二次传播率较低，但它的精准度较高，成本较低。推广人员可以写一封活动推广邮件，将其群发给企业会员，告知他们企业将要举办的直播电商活动。

外部渠道

外部推广渠道有很多，如营销平台推广、垂直论坛推广、知名社区垂直频道推广等，如表15-2所示。

表15-2 外部渠道推广技巧

外部推广渠道	推广方式
营销平台推广	制作H5活动页面在iH5、Maka、易企秀等H5营销平台进行推广
垂直论坛推广	互联网上有很多用户聚集的垂直论坛，例如，母婴类的妈妈网、宝宝树、母婴之家；餐饮类的餐饮网、下厨房、中华美食网、百年餐饮网；服饰行业的穿针引线网、中国服装网论坛等
知名社区垂直频道	将活动信息发送到豆瓣、知乎等知名社区垂直频道，引导用户参与讨论，为活动预热
社群推广	在微信群、QQ群、贴吧等社群中进行推广，尽可能地使用软文形式进行推广，否则很有可能被社群管理人员踢出社群
与KOL合作借势推广	KOL自带流量，与其合作对直播电商活动进行推广可以起到事半功倍的效果。但这种方式需要耗费较高的成本，同时需要找到真正适合企业的KOL
新榜付费推广	商家可以通过新榜找到专业的营销团队，并购买新榜提供的产品组合、策略投放、效果监测等广告营销增值服务，对直播电商活动进行营销推广

流量运营：直播间引流实战攻略

电商直播要想获得良好的转化效果，必须有充足的流量做基础。为此，电商直播团队必须掌握一些引流技巧，快速提升直播间的人气。

下面我们以拼多多直播为例，首先对直播店铺的流量入口进行大致分析。对于正在直播的店铺，用户可以通过3个渠道看到直播间，如图15-2所示。

（1）在首页、搜索、推荐的商品列表中，商品名称前会出现"直播中"的标签。

（2）店铺主页会出现直播悬浮窗。

（3）商品详情页会出现直播悬浮窗。

图15-2 用户发现直播间的渠道

如果用户关注的店铺正在直播,用户可以通过以下渠道看到直播间。

(1)点击底部"关注",打开"关注"页面,在"直播中"可以看到开播提醒的红点,如图15-3所示。

(2)在"关注"页面中,正在直播的店铺会自动出现在顶部,如图15-4所示。

图15-3 收藏店铺的用户看到直播的渠道

第 **15** 章 "吸粉"引流：粉丝运营与维护的技巧

图15-4 点击"关注"查看直播间

未来，拼多多平台对直播间的流量支持将不断增加，商家可拭目以待。在此之前，对于现有的流量入口，商家可以通过以下方式为直播间进行引流。

有吸引力的直播封面和标题

在现有的所有渠道中，直播入口都是凭借直播封面与标题成功露出，被用户看到的。所以，主播能否吸引用户观看直播，直播封面与标题的设计是关键。为此，商家在选择直播封面图时可以选择一张有趣、好看的商品照片或者高颜值主播的照片。直播标题要简单明了，亮点突出。

将直播链接积极分享到社交平台

直播开始后，商家可以将直播链接分享到朋友圈、QQ群、微博、抖音等社交平台，将各渠道的流量打通，相互引流，为直播间吸引更多流量。

利用短信营销工具

短信营销不仅效率高,可以在短时间内触及大量用户,而且成本较低。具体方法如下。

- 商家可以在直播开始前的1~2天通过短信向用户发送开播提醒,具体包括直播时间与直播亮点;要重点强调直播时间,同时可以在短信中插入店铺链接,引导用户关注店铺。
- 直播开始后,向老顾客、关注店铺的顾客发送短信提醒,如"你最爱的可爱少女风新款女装,主播正在直播间亲自试穿,还有大额无门槛券限量送,速来围观",内容添加活动页链接,引导用户前去观看。这类提醒短信要重点突出直播亮点和利益点,并添加直播间链接,让用户可以一键进入直播间。

客服引导

如果有用户在直播前向商家咨询产品,而且想获得更低的折扣,客服可以引导消费者观看直播,如:"亲,今晚8点进入店铺直播间,不仅有主播对产品进行详细讲解,而且可以领取无门槛优惠券,还有限时'秒杀'活动哦!"

福利激励:有效建立粉丝忠诚度

为了提升直播间的人气,壮大粉丝群体,提高产品转化率,主播必须做好粉丝的福利激励。下面对直播间粉丝激励策略进行具体介绍,如图15-5所示。

图15-5 直播间粉丝激励的四大策略

截屏抽奖：快速"吸粉"

截屏抽奖是电商主播常用的激励方式。在淘宝直播间经常能看到这样的活动：主播发布口令，让观众在评论区发送消息，倒数十个数截屏，屏幕上的观众就是中奖观众。除此之外，主播还可以利用直播中控台上的抽奖工具进行抽奖，发放的权益大多是现金红包、免单商品、立减额度等。

通过这种方式，主播可以很好地活跃直播间的气氛，增进与观众的互动。要知道，互动性与直播间权重有直接关系。对于粉丝来说，截屏抽奖可以吸引他们每天前来观看直播，增加直播间的回访率与复购率，快速提升账号权重，获取更多公域流量。

点赞送权益：增加直播间互动

这种方式与抽奖类似，只不过互动方式从评论变成了点赞。当点赞数量达到一定数额时就给粉丝发放一些权益，借此增强直播间的互动性，活跃直播间的气氛，增加账号权重。

关注有礼，提升转粉率

"关注有礼"可以获得自己专属的公域流量，但对于淘宝主播来说，这个方法虽好，但也要根据自己的实际情况慎重选择，因为这种玩法的成本较高。只要有粉丝关注直播间，主播就要送上礼品，如优惠券、淘金币等，都是实实在在的礼品。当然，成本越高，效果也越好，这种方式不仅可以快速吸引大批粉丝、提升直播间的转粉率，还能增加账号权重。

根据粉丝等级设置不同的福利

主播根据直播间粉丝的不同层级设置不同的权益。为了便于管理，直播间粉丝往往划分为4个层级，分别是初级粉丝（新粉）、铁粉、钻粉、挚爱粉。每个层级的粉丝都有自己的专属权益，级别越高，享受的权益就越多、越好。以淘宝直播为例，主播可以在后台设置直播间专属价，这个价格要比常规渠道的价格低，通过这种方式吸引用户在直播间下单，以提高直播间的转化率。

粉丝要想升级，就必须通过如观看直播、购买产品、发布评论、转发主播间等官方系统设定方式来提高与主播的互动值。在这个过程中，直播间的各项数据都能有所提升。为了回报粉丝，主播必须对粉丝权益进行优化设置，最好设置一些具有吸引力的权益。如果设置的权益力度不足，这种方法就很难发挥出应有的效果。

总而言之，主播要想做好直播间粉丝维护，就必须经常为粉丝提供一些权益。除了这种方式之外，主播还可以经常关注淘宝卖家中心左侧的客户运营中心，对有过产品购买记录或互动记录的客户与会员进行有针对性的营销。

社群运维：粉丝群运营维护技巧

直播电商活动结束后，商家要做好粉丝维护工作，将直播吸引到的流量转化为自己的粉丝。当粉丝数量达到一定规模后，直播电商活动即便不进行大规模宣传，也能取得良好的转化效果。

"直播粉丝群"是粉丝维护的必备工具。从转化效果、成交量、平台规范性等方面来看，在各大直播电商平台中，淘宝直播占据着绝对领先优势。此处我们就以淘宝店铺直播为例，详解直播电商团队如何创建淘宝直播粉丝群，以及如何利用淘宝直播粉丝群做好粉丝维护。

建群方法

店铺创建直播粉丝群的方式主要有3种，如图15-6所示。

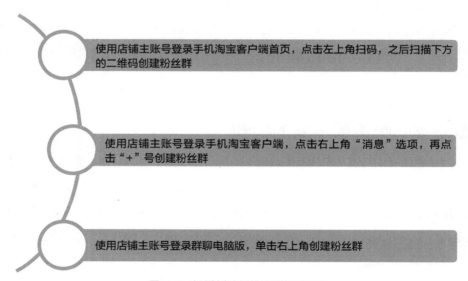

图15-6 店铺创建直播粉丝群的3种方式

建群注意事项

（1）设置群简介、群公告、新人欢迎语及入群门槛。

（2）单个群组可以支持创建50个子群，每个子群最多可以容纳500人。

（3）群组设置的群简介、群公告、新人欢迎语等对所有子群生效。

（4）粉丝加群时，系统会优先将其加入群成员未满且群序号靠前的子群。

粉丝群维护

（1）操作指南

- 直播电脑端操作指南：登录淘宝卖家中心，单击营销中心的群聊，之后就可以编辑消息发送到粉丝群。
- 手机端操作指南：登录手机淘宝，点击右上角消息进入粉丝群，开展消息发送、群成员管理等粉丝群维护工作。
- 注意事项：淘宝粉丝群群发消息，目前仅支持群组发送，而且消息会被同时发送到所有子群。

（2）维护技巧

维护淘宝粉丝群时，如何提高群成员的活跃度，引导其下单购买？粉丝群维护技巧如表15-3所示。

表15-3　淘宝粉丝群维护的四大技巧

粉丝维护技巧	具体操作方法
红包	群管理员可以在群内设置抢红包活动，在增加趣味性的同时，提高粉丝群的活跃度
投票	淘宝群投票活动仅支持群成员达到10人及以上的群，投票活动可以引导社群成员进行话题讨论，增强社群成员之间的信任
拼团	和投票活动一样，拼团活动也只能在群成员达到10人及以上的群内进行。拼团活动可以刺激社群成员下单购买，提高产品的销量
抽奖	此处的抽奖是指淘宝幸运大转盘抽奖，仅支持淘宝群电脑版使用，同样要求群成员数量在10人及以上

引导分享：如何实现用户自传播

与商家的营销推广相比，用户传播分享的成本较低，而且更容易刺激购买。因此，为了让直播电商的活动效果实现最大化，在直播结束之后，商家要积极引导用户对产品进行传播分享。商家引导用户传播分享可以从以下两个方面进行。

提供转发素材，降低用户分享成本

很多时候，用户之所以不在社交圈转发分享产品，并不是因为产品质量不佳或分享产品的行为会损害个人形象，而是因为没有合适的内容素材。用户的时间与精力有限，即便很喜欢一个产品，也不太愿意耗费时间与精力去拍照修图、设计转发语，他们更倾向于方便快捷地复制粘贴。

因此，商家要想让用户转发产品信息，必须解决分享内容的来源问题，让用户可以简单快速地在社交圈内传播分享，如图15-7所示。

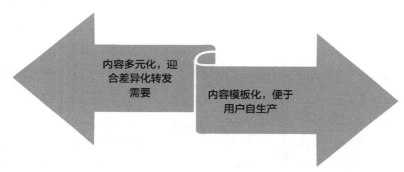

图15-7 解决内容来源的两种方式

（1）内容多元化，迎合差异化转发需要

在不同社交媒体或同一社交媒体的不同分享场景中，用户的转发需求存在一定的差异。以微信为例，用户在微信中的转发分享主要有两个场景：一是熟人间的好友分享，包括家人、朋友、同事等，这是典型的强社交关系链中的传播分享，需要接地气、娱乐化的分享内容；二是朋友圈内的转发分享，朋友圈中的用户虽然有一定的社交关系，但用户之间的信任度相对较低，属于弱社交关系链，需要高质量、有助于个人影响力塑造的内容。基于上述两种场景，商家可以为用户提供差异化的转发素材。

- 接地气、娱乐化的转发素材。例如，去掉人设伪装的搞笑段子，可以帮助熟人省钱的优惠类内容等。
- 有助于塑造个人形象的转发素材。例如，精美的创意文案及海报，有哲理的漫画图文，有启发性的短视频等。

（2）内容模板化，便于用户自生产

模板化的内容只需要用户进行简单加工，就能创作出属于自己的个性化内容，例如，漫画家喃东尼创作的《友谊的小船说翻就翻》漫画曾经火爆全网，引发全民参与二次创作。之所以会出现这种情况，除了漫画本身趣味十足之外，二次创作门槛低也是一个重要因素，普通用户只需要简单地添加几个字就可以将其赋予属于自己的内容。因此，商家可以与创作者合作推出内容模板，刺激用户传播。

产品超预期，制造体验惊喜

优秀的产品向来不缺分享者，超出用户预期的产品可以给用户创造惊喜，促使用户主动传播分享。那么，商家应该如何让产品超出用户预期，给用户创造惊喜呢？图15-8所示的3点是关键。

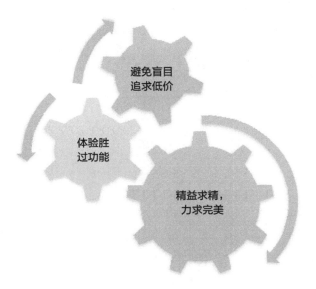

图15-8 为用户创造惊喜的3个关键点

（1）精益求精，力求完美

在目前市场上产品可取代性极高，用户购买所需产品时的选择空间非常大，因此，商家提供给用户的产品应该精益求精，力求完美。满足用户正常需要的产品仅属于及格产品，想要给用户制造惊喜，还要提供更多价值，例如，有的化妆品在体积方面做了改动，方便用户携带；有的儿童手表增加了陪伴功能，可以缓解儿童无人陪伴时的孤独感等。

（2）体验胜过功能

与在产品功能上超出用户预期相比，在产品体验上超出用户预期效果更好。一些产品为了能够尽可能地覆盖更多使用场景，开发了很多不实用的功能，导致产品变得非常复杂，不仅无法帮用户解决问题，还给用户造成了巨大的困扰。而有的产品虽然功能较少，但使用起来非常方便，体验绝佳，从而赢得了大量用户的支持与信任。

（3）避免盲目追求低价

随着人们购买力不断提升，价格对消费决策的影响逐渐下降，品质、服务等开始备受关注。虽然低价商品对用户仍具有吸引力，商家降低价格后可以更容易超过用户预期，但人们对低价产品也更容易出现质疑，例如，"为什么产品价格这么低，是不是偷工减料了"等。因此，盲目追求低价的做法不可取。

第 **16** 章

成交转化：电商主播销售引导技巧

调动感官：激发粉丝的购买欲望

在电商直播过程中调动感官，是指利用具体、形象的感官描述，帮助直播间观众产生联想与想象，从而激发其购买欲望。所有电商主播都应该掌握这项技能。

例如，一位农产品带货主播在推荐当地特色大米时，向观众表示"这款大米口感香醇、入口微甜"。直播间观众听到这种表述不会产生明显反应，因为这种描述非常模糊、抽象。就像很多中餐食谱中介绍的"盐少许""酱油适量""胡椒粉适量""油适量"等，让观众感受不到共鸣。

事实上，大米这种商品本身就具有差异性低、决策成本低的特点，即便有的观众真的需要购买大米，听到这样的描述，他也可能会想"这个大米根本没有听说过，在周边超市买的大米也是口感香醇、入口微甜，而且家人已经吃习惯了，根本没必要在网上购买。"

想要避免出现这种情况，主播就要学会调动观众感官。同样是表达大米口感香醇、入口微甜，有的主播将其描述为"只需要嚼两口，就能尝到像米酒一样的甜味。"此处的"嚼两口""尝到"等词都能调动观众的感官。听到这样的表述后，观众可能会在大脑中想象自己蒸了一锅香喷喷的大米，嚼两口后产生品尝米酒般口感的画面，从而下单购买。

那么，在直播实践中，主播应该如何调动观众感官来提升其购买欲呢？简单有效的方法就是直接向观众描述你体验产品时的感受。以某款夹心面包为例，主播向观众推荐时可以这样表述：

"用手撕开包装袋，瞬间能闻到一股烤小麦的香味。咬下去，你会感觉它很松软，很有嚼劲，同时，纯正的奶香味在嘴中蔓延开来，让你产生极大的满足感。吃着吃着就会产生中奖一般的喜悦，因为商家在面包的中间位置添加了牛奶，面包加牛奶真是绝配！几分钟我就能吃十几个，更夸张的是，之前我网购了一箱后，有事到外地出差，回来后发现面包竟然被我妹妹吃完了，以前她很少吃面包，总是说面包苦，我出差还不到一周就给吃了干净……"

在上述描述中，该主播将眼睛看到的、耳朵听见的、舌头尝到的、鼻子闻到的、心理感受到的信息真实地呈现给观众，使观众产生带入感，仿佛他们亲自经历了这些事情一般，极大地提高了观众的购买欲。

营造场景：戳中粉丝的需求痛点

主播通过营造场景向观众推销商品与调动感官有一定的相似之处，例如，二者都是使语言描述更加具象，让观众在脑海中产生画面，只不过营造场景主要使用的是时间、地点、人物、事件等场景要素；而调动感官使用的主要是视觉、听觉、嗅觉、触觉、味觉等感官要素。

怎么理解为观众营造场景呢？可以先看一位主播在直播间向观众推销小甜酒的案例。

"直播间内经常去电影院看电影的朋友打个1，让我看看咱们直播间里有多少文艺小青年哈。好了，看到你们发的了，刚才打1的朋友们我有个问题想问你们，你们看电影是不是习惯喝可乐吃爆米花？朋友们，咱们换点花样呗。出门前在包里塞两瓶小甜酒，电影开场后拧开瓶盖，插上吸管，120分钟的电影正好喝完，不用像吃爆米花一样担心长胖，牙齿变黄。如果和恋人一起看电影，还可以在包里带一瓶大瓶装的，插上两根吸管，暖暖的爱意瞬间将你包围。这个月正是大片撞车期，直播间的朋友们还在等什么，赶快行动起来吧……"

在上述案例中，如果主播没有营造看电影这个具体场景，而是直接推销"好喝不长胖，喝××小甜酒"，很多观众可能会在弹幕上反驳，"这是从哪里冒出来的小甜酒啊，怎么从来没听过""好喝不长胖的东西多着呢，橙汁、茶、咖啡，都行"。

除了使描述更加具象，唤起观众联想与想象外，营造场景还能拉近主播与观众之间的距离。因为营造场景时，主播要站在用户角度，寻找用户在日常生活与工作中熟悉的场景，分析用户在该场景中的需求痛点，让观众认识到自身需求，购买主播推荐的产品。显然，这种以用户为中心，为观众利益着想的主播更容易获得观众的支持与信任。那么，推荐商品时，主播怎么为观众营造场景来促进成交转化呢？这其中主要有以下3种技巧，如表16-1所示。

表16-1 营造场景促成成交转化的3种技巧

成交转化技巧	具体操作
分析产品的使用场景	想要为观众营造场景，主播首先要了解产品，掌握产品的特征、功能、优劣势等，同时，了解产品的使用人群，包括他们有什么生活习惯，经常去哪些场合，存在哪些方面的需求等。在此基础上找到产品的使用场景，为营造场景奠定良好的基础
规避泛用场景	主播为观众营造场景时，如果使用泛用场景将很难取得预期效果，因为该场景被营销人员广泛使用，导致消费者对这些场景感到麻木。同时，部分大品牌可能已经在这个场景中建立显著优势，主播使用该场景时可能会让观众联想到这些大品牌的产品，而非主播推荐的产品

（续表）

成交转化技巧	具体操作
场景要有针对性	对于手机、计算机等商品，虽然使用场景非常多元化，但这些场景不一定是直播间观众感兴趣的场景。以手机为例，手机可以满足通话、拍照、游戏、办公、导航等多种场景，主播在向直播间观众营造场景时，需要针对观众特性选择某个场景来突出产品的核心优势，例如，针对游戏用户营造游戏场景，针对商务人士营造办公场景，针对旅游爱好者营造拍照、导航场景等

制造对比：实现粉丝的成交转化

在电商直播过程中，主播必须掌握一定的话术来引导成交，制造对比就是一种非常重要的话术。用户在购物时更喜欢"货比三家"，那么，电商主播如何通过制造对比引导成交呢？具体解决方法有3种，如图16-1所示。

图16-1 制造对比引导成交的3种方法

善用锚定

自然学家康拉德·洛伦茨（Konrad Lorenz）发现幼鹅破壳而出之后会对第一眼看到的事物产生依赖。在一次实验中，他无意中被一群刚刚出生的幼鹅看到，从此之后，这群幼鹅始终紧跟着他，直到长大。由此，洛伦茨发现幼鹅不仅会根据出生后的第一眼做决定，而且决定一旦形成就会始终不变。洛伦茨将这种现象称为"印记"。

事实证明，与动物一样，人的第一印象也会成为印记。例如，人看到一款产品，第一眼看到的价格会在很长一段时间内对购买意愿产生影响，这就是所谓的"锚"。例如，原价1999元，现价199元。1999元就是一个锚定价格，提升了用户对这款产品的价值感知。如果没有锚定价格做对比，现价199元就会让消费者感觉这款产品质量差，不会产生打折的惊喜。

所以，在电商直播过程中，主播要善用锚定价格，通过打折前后的价格对比刺激消费者做出购买决策。

建立基模

受记忆力或知识储备的影响，人们总是会利用自己熟悉或容易想象的信息做判断，这就是所谓的"可得性偏差"。换言之，人们总是习惯用固有的认知结构理解新事物。面对一款不熟悉的产品，人们也会用固有认知来解析它的功能与卖点。面对人们的这种思维模式，电商主播要学会利用对方已有的认知基模对产品进行解说，从而增进理解，促成交易。

以乔布斯与第一代iPhone为例，在第一代iPhone手机发布会上，乔布斯没有直接向大家介绍"这是一款智能手机"，因为在当时智能手机是一个从未出现过的概念。为了帮助观众理解这款产品，乔布斯用几个人们熟悉的产品对其进行解说：iPhone=1个大屏iPod+1个手机+1个上网浏览器。就像当年推出iPod时一样，乔布斯说这款产品就是"把1000首歌装进口袋"。用人们熟悉的事物解释新产品是乔布斯的秘籍，这一点应该成为电商主播学习的典范。

巧用正反对比

相较于上面两种对比方式，正反对比应该是一种最直接的对比。在电商直播中利用正反对比，可以让观众直接感受到产品的价值，做出购买决策。

正反对比非常简单，就是将使用产品后出现的变化与使用产品之前的状态进行对比，直接向观众展现产品的性能与优势，激发观众的购买冲动。在电商直播中，这种对比方式的应用范围非常广，化妆品、美容产品、洗发水、牙膏、健身用品、保健品等都可以使用。

有正向对比自然也会有反向对比。反向对比就是先用一种坏结果让观众产生恐惧，再提出解决方案。例如，打开电脑经常看到的风险提示：你的系统有安全风险，请及时查杀。如果电商主播能在直播过程中让观众对坏结果产生恐惧，自然可以轻易地促成交易，完成销售目标。

话术技巧：李佳琦直播带货的成交话术技巧

商家可以利用直播促使消费者下单，提高商品销量，这一点在2019年"双11"期间得到了充分证明。对于当时的商家来说，如何在"双11"当天，充分利用流量爆发的形势完成转化销售，是一个至关重要的任务。直播电商销售转化需要一定的话术引导，下面以李佳琦的直播带货为例，对直播带货的成交话术技巧进行分析。

案例分享

案例：李佳琦直播

直播日期：2019年11月9日

直播品牌：SIDANDA

直播产品：鹅绒枕

产品价格：599元

优惠机制：拍4个到手价每个159元

商家可以仔细揣摩李佳琦在11月9日这场直播中使用的话术，对于这款鹅绒枕，他一共只花了100秒时间进行介绍，但切入点非常精妙。

（1）产品介绍

直接点明产品的档次和类别。

先说鹅绒枕，我已经帮你们体验一个月了。

好好用！真的是鹅绒。

你知道这个是什么酒店用的吗？法国我们住的最最最贵的酒店，法国的文华东方酒店同款，这个是文华东方同款。

明天我要把我们家那个拿过来直播了，这个是样品我们把它撕开了。

我们在选品的时候把它撕开了，里面都是鹅绒，很大颗的鹅绒。这个羽绒枕，文华东方，法国文华东方，一个晚上几万块一个房间对不对？

（这么贵）的酒店的枕头，文华东方的枕头，599原价。李佳琦直播间，明天晚上10万个鹅绒枕，听清楚我有10万个鹅绒枕。

明天晚上佳琦直播间到手159一个，就是出口品牌的鹅绒枕。

这个，妹妹们，抢它！

（2）场景体验

细致描述使用场景与使用体验，帮助观众想象一个美好的体验感受。

买了乳胶枕也要它，你知道为什么？

乳胶枕睡觉的时候用，这个靠靠背，你床上靠靠背的时候用。你玩手机就真的很舒服，不容易颈椎痛、背痛。

妹妹们，鹅绒枕，159一个，95%绒哦，95%鹅绒哦！好不好？特别大一颗一颗的鹅绒枕。

它使你睡上去像睡到云朵上，真的，你睡它就像睡在云朵上。要买四个，真要抢，我们明天晚上只有十万个鹅绒枕。

案例剖析

我们仔细看一下李佳琦这两段话都包含了什么内容。

第一段内容的中心主旨：文华东方酒店使用的同款枕头，特大颗95%鹅绒。

第二段内容的中心主旨：就算有了乳胶枕也要买，枕着它就像枕在云朵上一样。

在短短100秒的介绍时间内，李佳琦用两段话完美地阐述出了产品的优点及档次。

在第一段表述中，为了给观众留下产品档次很高的印象，突出产品的高端、大气，李佳琦使用了5次"文华东方"，并反复表明那是"最最最贵"以及"几万一晚"的高级酒店。同时点明这款产品具有超大颗的95%鹅绒。

其实，很多观众都不清楚鹅绒的标准是什么，也不知道95%鹅绒是什么概念，但只要在有限的时间内让观众了解到这款产品很高级就可以了，不必解释说明，也不用按照国家标准去检验产品的质量。

在第二段表述中，李佳琦告诉观众就算买了乳胶枕也要买这款鹅绒枕，然后营造了一个靠着这个枕头玩手机的场景，引发了观众的共鸣，再加上这款产品能够避免颈椎痛、背痛的问题，使直播间观众对产品产生了强烈需求。

在介绍这款产品的过程中，李佳琦时刻抱着这款枕头，将肢体语言和销售话术结合起来，让观众对"超大颗95%鹅绒"及"睡在云朵上"产生了更生动的联想。

产品介绍结束后，一部分消费者产生了这样的想法：159元就能拥有法国文华东方酒店同款枕头，而且可以享受到枕在云朵上一般的体验，为什么不购买呢？

短短100秒的介绍就让消费者从两个角度了解了这款产品的功效与优点，整个介绍过程专业语汇很少，只有95%鹅绒是行业词汇，极大地降低了消费者对产品的理解难度。同时，李佳琦还结合消费者的实际情况，为他们营造出了产品的使用场景，让消费者感觉真的非常需要这款产品。

第**17**章

淘宝直播：运营思路、技巧与方法

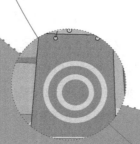

淘宝直播间的运营思路与策略

淘宝商家应该如何运营淘宝直播间呢？商家可以亲自担任网络主播，在直播间销售自己的产品，也可以聘用1~2个网络主播帮忙做店面直播。有实力的商家还可以高薪聘请知名主播为自己做直播专场，借助对方的高人气，大幅提高产品销售量。

在这个主播行业蓬勃发展得时代，电商要想聘请网络主播为自己带货是一件非常容易的事情，但是由于主播的类型比较多，想要以合理的价格聘请到专业的、合适的带货主播也并非易事。在挑选淘宝直播的主播时，电商应该尽可能地聘请有带货经验、销售专业度高的主播，即使无法直接聘请到符合条件的主播，也要在有过直播经验的人群中进行选择。

淘宝直播间的运营思路

淘宝店铺直播间运营有4个关键点，如图17-1所示。

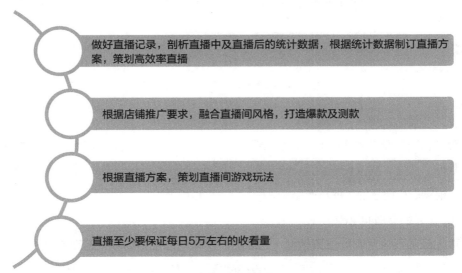

图17-1 淘宝店铺直播间运营的4个关键点

电商做淘宝直播间要秉持经营理念，直播间权重值、在线人数、互动情况等都能决定直播间能否实现较高的流量转换，而每一场统计数据指标都能帮助商家为下一场直播做出合理决策。

新手主播刚开始直播时往往会有一个静默期，时间通常为1~3个月，而商家打造一款爆品至少需要1个月的时间。新手直播不能奢望刚开播就拥有大量人气，就像一个新入门的电商商家不能奢望其店面一上线就立刻受欢迎一样。需要注意的是，如果产品品质不好，商品盈利模式或商品样式过于单一，那么即便让一个善于直播的人来策划直播过程，经营直播间，也很难让直播间获得很高的人气。

淘宝直播间的运营策略

淘宝直播拥有完善的运营体系，是商家做电商直播的优秀平台，但前提是商家资源必须充足。淘宝平台的技术经验非常丰富，虽然在处理集中爆发的请求时可能会有"吞评论"的情况发生，但它在供应链管理以及生态搭建方面具有绝对优势。不过中小商家需要注意，淘宝直播相对来说需要投入较高的成本，因为它对商家的运营能力提出了较高的要求，如图17-2所示。

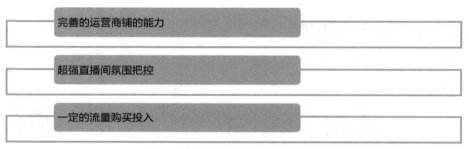

图17-2 淘宝直播对商家运营能力的要求

（1）完善的运营商铺的能力

首先，商家要将店铺运营好，包括运营商品、装修店铺、售后服务以及全天在线的客服团队等。此外，商家还要组建一个策划能力较强的运营团队，借助抖音、快手等平台，利用短视频推广自己的店铺与产品。

（2）超强直播间氛围把控

直播间必须有活跃的直播氛围，才能吸引观众的注意，给观众留下良好的印象，刺激观众产生购买意图。为了营造良好的直播间氛围，商家必须科学把控直播节奏，张弛交替，给观众留下深刻印象，同时引导观众关注直播间。

（3）一定的流量购买投入

为了享受更多直播上升期带来的成果，获得更多流量，商家在前期要支出部分成本去淘宝、快手等直播平台"打榜"。有些商家为了让店铺更快地发展，每个月会在这方面花费数百万元。但有一点需要注意，商家可以在购买流量方面投入大量资金，但必须保证返还价值大于投资成本。

公共流量平台固然重要，但商家也不能忽视私域流量的获取。例如，商家可以准备一些标注着客服联系方式，以及"好评后，加好友可领红包"字样的广告纸，每次为买家寄出商品时就放一张在包裹里面。

电商直播及店铺运营是一个长期的过程，商家必须始终注重产品质量，不要因为短期的某个"爆款"就放松对店铺的运营与维护。

随着流量获取成本的日益增加，拥有属于自己的流量池就成为每个商家必须完成的任务。所有商家都要做好内容营销工作，努力把信息准确地推送给每位粉丝，力求通过精细化运营促使用户做出购买决策。商家想要取得长期发展，必须重视每位粉丝与客户，努力获得消费者的长期信任。

直播间标签设置与选择的技巧

随着直播行业的竞争越来越激烈，覆盖各阶层用户群体的难度日趋增大，淘宝直播生态逐渐呈现出"两头小、中间大"的特点。在这种情况下，如果商家能为自己贴上跟随潮流热点的标签，打造迎合受众喜好的人设，就能更精准地找到目标粉丝群体，挖掘粉丝潜力，将公域流量沉淀为更稳定的私域流量。

随着淘宝直播体系逐渐完善，对直播内容的专业性、直播计划的系统性、直播流程的协调性提出了更高的要求。对于想要踏进直播行业的广大商家来说，面临的挑战比以往更大。为了更好地应对这些挑战，商家必须为自身挑选一个合适的标签。

那么，商家如何筛选出既符合自身定位，又能够吸引大批流量的标签呢？如何通过不断更新原有标签，让自己推荐的商品始终占据更多用户的视线呢？以下内容或许能够帮助商家解决这些问题，获得更稳定、更优质、更庞大的粉丝流量。

贴标签的原因

首先，保障淘宝商家权益。一方面，商家会对异常订单打标，将其上传到淘宝平台的数据库。另一方面，淘宝平台为保障商家权益，制定了异常订单分析调整、维权介入后的结果判定、风险订单的前端预警等多项措施，切实保障商家的数据和财产安全。

其次，降低淘宝商家成本。淘宝平台在收集整合商家上传的异常用户数据的同时，会自行分析平台上的订单情况，对风险订单进行打标处理，将相关信息汇总录入数据库，为商家整理出多个场景下的预警规则。在平台协助下，商家能够进一步提高对异常订单的把关力度，降低维护店铺安全的运营成本。

最后，精准定位用户群体。选择合适的标签就是为商家增加更多引流渠道，帮助商家更加精准地找到目标用户群，为下一步的商品转化奠定基础。

淘宝商家的标签设置技巧

直播团队设置直播间标签的具体方法如下。

（1）标签更细、更深、更垂直。从大标签过渡到小标签，其中的显著变化之一就是标签的细分化、垂直化、纵深化，体现了向"人+货+场"综合权衡的转变。达人或者商家能够根据市场定位和自身实力更精准地选择符合自身特点的标签，吸引到更具黏性的粉丝群体。

（2）流量分配规则。标签制定的细分化对主播的个人能力提出了更高的要求。对于商家与主播来说，对所要介绍的商品特征越了解、对场景理解越深刻、对垂直市场定位的把握越准确，就越能获得可靠稳定的粉丝群体。尤其对于中小型直播间来说，拥有稳定的粉丝基础相当于保证了销售业绩。

（3）标签与人群的匹配。淘宝平台通过精确描绘用户画像，为用户定制了独一无二的搜索页面，实现了"千人千面"的匹配效果。不同于以往赋予主播调整单项权重指标的排序方式，淘宝平台会优先展示近30天内用户浏览过的、收藏过的、添加购物车的、购买过的商品，这意味着淘宝平台对流量的控制力度进一步提高了。

（4）综合类标签减少，利好中小达人和商家。直播的最终目的就是卖货，将粉丝关注度转化为商品销售量。在标签细分的时代，综合性主播无法消化的流量逐渐流向了占据垂直细分市场的中小型达人或商家。随着线下导购甚至店主本人亲自出镜，线上直播形式变得更加丰富多元。

（5）横向拓宽了商家种类、数量。新标签的大量涌现意味着平台鼓励商家不断创新商品宣传方式，让商家都可以获取这些新标签下的保底流量。当新标签上线后，商家进入对应类目的标签保底流量池，每小时吸引的人数会大幅增加。

新标签的背后可能是一片崭新的蓝海市场，这意味着商家能获得更多流量资源，将有一大批中小规模的直播间迅速崛起。

淘宝商家选择标签的技巧

在分析完贴标签的好处以及淘宝标签的发展趋势后，重中之重当然是挑选适合自己的标签，这里提供了两个策略以供参考。

（1）统计头部主播的直播时段与直播标签

第17章 淘宝直播：运营思路、技巧与方法

建议做一个表格，专门用来统计不同类别的头部主播每日的直播标签和直播时段。如果是中小型直播间的主播，以下两点需要注意，如表17-1所示。

表17-1 中小主播标签选择

标签选择技巧	具体操作
避免与头部主播在同时段直播	头部主播拥有顶级的推广级别，可以吸引平台大部分流量，形成强大的马太效应，导致小主播很难吸引到足够的流量，头部主播大多在20:00~22:00开播。为此，刚踏入直播行业的小主播应该尽量选择在竞争压力较小的冷门时间开始直播，如14:00~20:00或18:00~24:00
不要选择流量稀少的冷门标签以及竞争压力过大的热门标签	前者很难做大规模，后者竞争不过根基深厚的大主播。去除这两类标签之后，在剩余标签中选择符合自身能力和市场定位的标签

（2）根据自身竞争力选择

虽然淘宝平台会为商家或达人提供相应的标签作为参考，但选择标签时还是要"量体裁衣"，根据实际情况摸索出适合自己的标签。这里提供一种选择标签的思路：分析自身优势－分析竞争对手－分析市场前景－分析商品定位－分析目标人群。

如果主播缺乏竞争力与粉丝流量，可以借鉴以下两种思路来选择标签，如表17-2所示。

表17-2 缺乏竞争力的主播选择标签的两种思路

标签选择思路	具体操作
通过商品选择标签	主播可以根据商品种类选择更细化的领域，尽可能给自己选择竞争压力较小的新标签，率先占据蓝海市场。因为竞争对手少，在淘宝平台的推荐排名也会相对靠前
逐一尝试各个标签，择优选择	在确定好标签范围后，主播可以花几天时间逐一尝试各个标签的使用效果，从中选择效果最佳的标签

如果主播本身竞争力强，粉丝基数大，则需要注意以下两点问题。

首先，不要盲目更换标签，即便更换也要选择近似标签，以免粉丝流失严重。假设某主播在"每日上新"这个标签下的直播时间很长，销售数据表现很好，在淘宝的推荐排名非常靠前，若突然更换"运动服饰"这个新标签，就会面临推荐权重被削弱，推荐名次出现不同程度的下滑，导致销售业绩受到不良影响。

其次，如果是综合性主播，因为每次直播可能会推荐品类完全不同的商品，所以需要及时更新标签，提示本期的直播内容。例如，本场直播是日化用品专场，下一场直播是美妆类专场，要将每次直播的新标签标注清楚，吸引更多感兴趣的新用户加入。

直播间宣传预热的方法与技巧

电商直播想要达到预期效果，不仅要做好直播内容，还要做好宣传预热。很多商家开通直播后没有吸引到足够的观众，转化效果不理想，其中一个最重要的原因就是没有做好预热。在直播准备阶段，宣传预热是一个非常重要的环节，它可以将直播信息传播出去，吸引大量消费者观看。那么，直播电商应该如何做好宣传预热呢？下面以淘宝直播为例进行详细分析。

手机端首页预热海报

现阶段，智能手机已经成为用户观看直播的常用设备，商家要针对这类用户发布手机端首页预热海报，让用户进入店铺就能看到即将开播的信息。

商品详情页

如果店铺正在直播，详情页拉取模块会自动展现直播信息，设置流程如下。

步骤01 点击"店铺装修"，进入"手淘首页"，点击"店铺首页"→"详情装修"。

步骤02 点击"批量投放"→"直播"，创建投放模块。

步骤03 选择"营销模块"，点击"直播"。

客服话术

客服设置快捷回复引导用户进入直播间。如果有用户咨询产品，且询问的都是产品功能方面的问题，客服可以告诉用户："现在这款商品正在直播，进入店铺直播间，可以全方位了解这款产品哦！"这种方式可以源源不断地为直播间引入流量，而且还能提高转化率。设置快捷回复的方式非常简单，步骤如下。

步骤01 登录"千牛"，点击旺旺。

步骤02 任意点击一个聊天窗口，点击快捷短语的图案，设置快捷短语。设置完成后，只需要输入"/"就可以选择你要发送的快捷语。

如果用户咨询是否有优惠，客服可以告诉用户"进入直播间领取优惠券"，优惠券设置步骤如下。

步骤01 设置直播渠道优惠券，点击"店铺优惠券"→"官方渠道推广"→"淘宝直播渠道优惠券"。

步骤02 打开直播中控台→互动面板→权益投放→选择权益，创建优惠券奖池进行投放。需要注意的是，商家要在直播开始之后再进入"权益投放"中心创建优惠券奖池。

步骤03 创建好奖池后，再次打开中控台—互动面板—权益投放，选择权益发放优惠券即可。

优惠券设置需要注意两点：

- 在自有渠道推广中，通用领券链接的优惠券不支持直播端口使用；
- 纯达人主播，也就是在平台没有店铺的主播无法自行设置优惠券，需要联系商家设置。商家设置好之后，主播进入中控台输入商家店铺名称就能领取优惠券。

开播触达

开播触达就是粉丝推送。假设一家淘宝店铺有2万粉丝，商家在开播前进行粉丝推送可以精准触及2万人，可以为直播间快速吸引流量。开播触达的步骤如下。

步骤01 进入淘宝直播后台，进入中控台。

步骤02 点击正式开播。

步骤03 点击粉丝推送。需要注意的是，每位用户最多能接受2条和其相关的开通提醒，这就意味着不是所有用户都能接收到推送信息。

站外平台宣传

除了站内渠道，商家还可以利用微博、抖音、微信、今日头条等站外平台进行宣传。宣传方法为制作一条具有吸引力的短视频，附加直播宣传语，将看到短视频的用户吸引到直播间观看直播。

淘宝直播间数据运营实战技巧

淘宝直播过程会生成大量数据，这些数据可以随时查看，主播和运营人员可以根据这些数据制定相应的直播方案，提升直播效率。主播和运营人员要重视直播间营销数据的转化，积极安排策划直播间活动，有效率地与粉丝互动，这样才能促成一场高效互动的电商直播。

在线人数

主播要一边关注数据的变化,一边做好产品解说,同时要尽可能地将注意力集中到个人专业度的展现上,从而赢得客户信任,促使产品成交,提升直播间的流量转化率。

一般来说,直播间在线观看人数较高时,游客的占比就会提高。这时主播就要及时引导游客关注直播间,将游客变成自己的粉丝。与此同时,人气较高时也是推荐主产品的关键时刻,主播要及时做好主产品的讲解工作。由此可见,这个时间段主播非常忙碌,需要场控人员和助理帮助,例如,场控人员在直播间发送关注卡,助理引导游客点击关注等。

在线人数较多时,主播还可以提前介绍接下来将要发放的福利、折扣和优惠券等,同时也可以巧妙地向粉丝预约下一场直播,用隐晦和吸引人的方式向粉丝透漏下一场直播的精彩内容,为下一场直播提前预热。这样做可以提前为直播 "蓄水",引导粉丝留存和转化。

如果在观看人数较低,主播该怎样运营自己的直播间呢?

直播间在线人数较低时,主播应该从介绍产品中抽身出来,集中精力做好与粉丝的互动,例如,积极回答粉丝的提问、向粉丝征求意见、帮助粉丝解决困惑等,通过这种方式活跃直播间气氛,增进与粉丝的感情,提高粉丝的参与度,引导粉丝为直播间做宣传,从而引入更多流量。

除了关注直播间中控版面上的数据外,主播还要时常点击查看直播间后台数据。进入更详细的数据版面后,面对种类繁多的数据,主播可能会有些厌倦,但实际上主播只需要重点关注两个数据,就能对直播效果有一个清楚的认识。这两个重点数据分别是商品点击量和实时在线人数。

商品点击量

在分析商品点击量时,主播可以选取3个指标进行分析,分别是商品总点击次数、某个商品的点击次数、商品点击次数中粉丝的占比,如表17-3所示。

表17-3 商品点击量分析的3个指标

指标	分析
商品总点击次数	对于一场直播来说,商品总点击次数越高,说明直播吸引的观众越多,而且观众购买商品的积极性越高

（续表）

指标	分析
某个商品的点击次数	某个商品的点击次数越高，说明该产品越受欢迎，转化能力越强，如果主播高频展示同类产品，一定可以激发粉丝的购买冲动
商品点击次数中粉丝的占比	如果一款产品的点击次数较高，但粉丝点击占比不高，就说明这款产品可能更受公域流量人群的喜爱。公域流量人群指的是还没有成为主播粉丝的人群。如果一款产品能吸引非粉丝人群点击购买，主播或商家就可以利用这款产品持续吸引粉丝。

实时在线人数

分析实时在线人数可以得到很多反馈信息，例如，直播过程中流量突增受哪些因素影响，利用补救措施进行流量补充发挥了多大作用等。

更多数据复盘

淘宝直播的后台数据可以给主播提供许多信息，如流量来源、推荐流量占比、各渠道流量占比等，通过这些数据可以判断直播间层级或直播权重，有利于复盘。通过直播间的观看人数、互动量、点赞量、"涨粉"量、"转粉"率、粉丝驻留时长等数据，可以判断直播内容的质量、对游客的吸引力等，从而方便主播随时调整直播内容、改善直播质量。关注日常直播运营中的各项数据，巧妙利用数据信息进行复盘、调整，可以极大地提升直播效率和质量。

第6篇 后台管理

第 **18** 章

优质货源：商家货源选择四大渠道

1688采购：商家采购的流程步骤

搜索供应信息

（1）进入1688采购网的网站首页，选择想要查询的信息类型，如男装、女装、配饰、鞋靴、美容化妆、汽车用品等，或者直接在搜索栏输入想要查询的商品的关键词，如"运动鞋"。

（2）单击搜索栏右侧的按钮或者直接按Enter键，网站会出现所有与"运动鞋"相关的商品信息。

（3）如果搜索出现的商品信息过多，可以进一步缩小搜索范围。以"运动鞋"为例，可以通过选择"穿着方式""风格""产品类别""价格"等限制条件进行进一步筛选，以此得到的商品信息将会更符合自身需求，如图18-1所示。

图18-1 1688网站关于"运动鞋"的限制条件

（4）在选择好商品供应商后，打开公司页面能够获得更详细、更具体的信息，如供应商的联系方式、加盟要求、商品信息等。如果想要进一步与供应商洽谈合作事项，左侧会有悬浮的对话框，单击后就可以与对方开始聊天，咨询商品价格、进货数量等具体问题。

货比三家

（1）想要选到物美价廉的商品，货比三家必不可少。将鼠标指针放在商品图片上，会出现多条同款信息，以供比对，如图18-2所示。

图18-2 "运动鞋"同款数量

（2）单击"同款"按钮后，就会跳转到新页面，页面中将显示这款商品在价格、销量、公司以及满意度等方面的所有信息，如图18-3所示。

图18-3 "运动鞋"同款货源的对比信息

（3）综合分析以上信息后，确定一款心仪的商品。

订货

确定要订购的商品后就可以下单了。选好采购的商品型号与数量,单击"立即订购"按钮,完成订购。然后第一时间联系卖家,询问运费、收货情况等交易条件,最终完成交易。这个环节需要注意以下3点:

(1)一旦采购商确认并提交商品单价及订购数量,卖家会视作这笔交易即将成交。因此,采购商一定要谨慎单击"立即订购"按钮,一旦放弃将被视为违约;

(2)不要一次订购太多商品,除非店铺货源紧张或者合作关系紧密,否则很容易收到次品或者遇到货物数量与订购数量不符的情况;

(3)最好使用支付宝进行交易,并选择"货到付款"。

把采购的产品上传到自己的淘宝店铺

(1)收到商品后就可以进行商品图片拍摄了。商家一定要重视商品图片拍摄及后期处理环节。如果拍摄技术有限,又不会后期修图,则可以请专业的拍摄团队进行商品拍摄。因为用户浏览商品时首先注意到的就是商品图片,只有足够精美的商品图片才能对用户产生较强的吸引力。

(2)完成图片后期处理工作之后,要上传商品的其他信息。可以用大淘营的阿里巴巴复制工具复制1688网站上的商品链接,将其粘贴到工具采集地址栏上,单击"添加列表"生成数据包,把数据包导入淘宝助理,填好信息后,商品就能成功上传到店铺中去。

找代工厂:解决货源的"六步法"

我们以服装为例,完整的服装供应链需要多个环节相互配合,供应链本身的复杂性加上服装电商的高流动性,想要选择一家合适的服装加工厂并不是一件容易的事情。在这个环节中,商家可以采用"六步法"来挑选一家合适的代工厂,解决货源问题,如图18-4所示。

图18-4 商家解决货源的"六步法"

第一步：确定工厂位置

随着珠三角地区和长三角地区的产业升级趋势越加明显，服装加工厂开始向周边省份转移，长三角地区的工厂多转向安徽，珠三角地区的工厂多迁往江西，甚至有的迁往河南、湖北、四川等地区，即便是留在本地的服装工厂规模也在不断缩小。因此，商家最好选择距离比较近的服装加工厂，以节约成本。

第二步：选择规模合适的工厂

服装加工厂并不是生产线越多、生产规模越大，就越适合合作。服装供应链重视资源匹配原则，如果商家的订单量较少，最好选择规模不大的工厂合作。在这方面可以参考以下公式作为选择工厂的标准：工厂规模=订单量/10。如果商家订购500件服装，可以选择工人人数在50人左右的工厂。

第三步：知道工厂的优势品类

不同的服装加工厂有不同的服装生产线，擅长加工不同品类的服装。同时，为了发挥集约化优势，业务相同的工厂多聚集在一起，例如，吴江代工厂以生产羽绒服闻名，东莞工厂以生产牛仔裤闻名等。如果商家缺乏经验，可以聘请在服装加工行业有丰富经验的人加入团队，专门负责采购业务。这些专业人士的加入可以帮商家少走弯路，节省采购费用。

第四步：判断工厂的专业性

判断一家服装加工厂的专业水平，商家可以考虑3个指标，如图18-5所示。

图18-5 判断工厂专业性的3个指标

如果一家工厂拥有多名打版师而且后道齐全,就说明它拥有比较完整的生产链,能够保证交货质量与交货时间。如果一家工厂的卫生环境较好,说明这家工厂的管理水平没有问题。

第五步:选择值得信任的工厂

商家要选择一家值得信任的工厂,可以参考3个指标,如表18-1所示。

表18-1 商家选择工厂时的3个参考指标

指标	分析
建厂历史长	如果一家代工厂拥有至少5年以上的服装加工经验,大多是久经考验的老厂,不用担心工厂会突然发生经营不善等情况
经验丰富的工人数量多	一般情况下,电商的订单数量并不大,但是需要随时更新款式。如果工厂有很多经验丰富的工人,就可以有效保证订单生产质量和生产水平
客户名气大	如果工厂合作的客户多为高知名度的大品牌,基本无须担心生产质量问题。但如果一家工厂之前合作过品牌服装商,但近年来很少与之合作,再加上工人离职率比较高,说明这家工厂今不如昔,很可能会出现生产质量问题

第六步:选择配合度高的工厂

这是选择工厂的最后一步,也是难度最大的一步,需要商家与工厂负责人认真洽谈,判断对方的合作态度。如果负责人重视电商订单,愿意配合你的要求,就可以真诚地与之沟通,把具体要求及注意事项逐一告知。在多次友好合作后可以尝试与这家工厂建立更深入持久的合作关系。

淘宝代销:模式优势与操作方法

除了选择合适的代工厂外,淘宝代销也能为店铺提供货源。相比于挑选代工厂而言,淘宝代销的工作更加简单轻松，无须承担太多的成本压力。

简单来说，淘宝代销就是商家在淘宝平台注册一个店铺，上架一些产品，但没有实际库存，如果有客户下单，就从供货商处购买再发货或者直接请供货商代为发货。在这种经营模式下，商家只需要申请注册一个淘宝店铺，上传供货商提供的商品图片即可，操作简单，无须承担太大的经济压力与风险。

淘宝代销模式的主要优势

淘宝代销模式的优点可以归纳为3点，如表18-2所示。

表18-2 淘宝代销模式的3个优点

优点	具体描述
运营资金少，没有库存压力	代销模式无须大量采购商品，不会面临库存积压风险，既没有订购商品的成本费，也没有放置商品的仓储费，可以节省大量开支
投入精力少，省去发货流程	商家无须在模特展示图、商品细节图、商品详细说明等方面投入太多精力，直接使用供货商提供的商品图片即可。作为代销商，商家只需要向供应商提供淘宝用户的购买地址，由供应商负责发货，无须亲自发货。因此，淘宝代销店铺大多注重售后客服以及商品宣传，以吸引更多淘宝用户关注
灵活调整货源布局，无须担心商品积压	想要做好淘宝代销，商家必须具备及时调整货源的能力，能够判断出当下好卖的商品是什么。初入这一行业，最好先从低端市场做起，虽然利润微薄，但可以积累经验。 进入高端市场之后，代销商家可以尝试自己进货销售赚取更多利润。 经验丰富的代销商能够根据市场动向及时调整库存，清理掉可能积压的商品，更换为热销爆款

淘宝代销的操作方法

（1）开通至少一个淘宝店铺。商家可以在登录淘宝后查看卖家中心，在页面左侧单击"货源中心"按钮，进入页面，选择想要代销的商品。

（2）查看商品招商要求，联系供应商。只有满足供应商的招商要求，才能获得商品的代销权。在选择好商品货源后，单击"传淘宝"按钮，再单击"确认"按钮。选择的供货商必须能够持续稳定地提供商品，不能出现断货现象。

（3）编辑代销商品信息。回到卖家中心页面，选择"仓库中的宝贝"，编辑商品信息，填写商品的零售价格。

（4）等待淘宝平台审核，审核通过就可以正式做代销业务了。

线下批发：商家拿货的实战技巧

到线下批发市场进货也是解决货源问题的可行之道。与网上进货相比，到批发市场实地考察，没有精美的商品图片及夸大其辞的商品说明的干扰，商家可以了解到商品的真实情况。不过挑选线下进货渠道同样需要掌握一定的技巧，这里提供3点经验以供参考。

货比三家，做好记录

批发市场的规模较大而且构成复杂，每个分区都出售不同类型的商品。因此，商家在考察商品时需要在纸上或者电子设备上做好记录，具体流程如表18-3所示。

表18-3 货比三家考察商品的流程

流程	具体事项
1	商家要较全面地参观批发市场，不仅要大致比较各个卖家的价格、货品质量，还要了解当下的市场行情
2	商家在观察、询问的过程中，要及时记录下自己感兴趣的店铺，记录店铺地址与联系方式，以便后期可以随时联系
3	货比三家，仔细斟酌。批发市场鱼龙混杂，质量良莠不齐，需要仔细辨别商品质量与真伪。经验丰富的采购人员不会着急进货，而是会在对比筛选后选择性价比高的商品

在选择货源的过程中，商家要警惕"炒货"现象。有些店铺假扮厂家，实际上是从多个厂家进货后再二次销售，产品单价要比厂家直销的产品单价贵数十元，一些采购新手很容易上当受骗。

进货换货，收好凭证

通常来说，相比于网络的换货制度，批发市场的换货制度更加人性化，只要提供拿货凭证就可以更换货源。一般来说，拿货凭证包含进货明细、联系方式以及商家地址等很多信息，商家一定要妥善保存，一旦丢失就有可能面临无法换货的风险。此外，如果商家有二次进货需求，可以直接通过采购凭证联系供货商，节省物流与时间成本。如果商家与某些供货商建立了长期的合作关系，不妨经常与他们联系，询问是否有合适的新品，让供货商送货时捎带过来，如果满意就可以直接订购。

学会还价，欲擒故纵

批发市场一向秉持薄利多销的原则，没有太大的还价空间，但是商家仍然可以用更便宜的价格订购商品。这里提供一些"砍价"小技巧，如表18-4所示。

表18-4 "砍价"技巧

砍价技巧	具体操作
发现缺点	世界上没有完美的商品，为了砍价，商家可以仔细查验商品是否有缺点，如服装线头多、鞋底比较硬等，用卖家无法忽略、逃避的问题压低商品价格
欲擒故纵	商家确定在哪家购买后不要急于表态，如果卖家给出的价格高于心理预期，可以假装离开，表示不想购买而等待卖家主动降价。注意不要把价格定得过低，以免卖家因为没有利润可赚而终止交易
互利共赢	如果在同一个批发商那里进货次数多的话，可以考虑建立更深入的合作关系，这样省去彼此讨价还价的麻烦，商家也愿意给予你更优惠的价格

第 **19** 章

仓储管理：构建高效仓储运营体系

货架布局：仓储货架的规划方法

电商仓库根据功能不同可以划分为进货口、出货口、仓储区、打包区、出仓区五大区域，有些仓库会将进货口与出货口合并为一个。这些功能区会在工作过程中自然形成，无须花费过多心思进行规划。在整个仓库布局中最应该重视的是货架布局，货架布局有5种方式，如表19-1所示。

表19-1 货架布局的5种方式

货架布局方式	具体事项
横列式布局	货架或者货垛的排列方向要与仓库侧墙相互垂直，其优点在于留出的主通道宽敞，副通道较短，整体布局井然有序，存取货品便捷，但是仓容利用率低，会提高仓储成本
纵列式布局	货架或者货垛的排列方向与仓库侧墙平行，应该根据货品的存储时间和进出频次来确定货品的位置。货品在库时间长、进出频次低储存在仓库较深处；货品在库时间短、进出频次高则放置在出入更方便的主通道两侧。这种布局方式虽然提高了仓储管理效率，但是通风以及采光较差，不利于机械化作业
纵横式布局	纵横式布局兼具横列式布局与纵列式布局的优势，在提高仓容利用率的同时也有利于通风采光
倾斜式布局	货架倾斜式布局指的是货架或者货垛与仓库侧墙或者主通道形成一定的夹角，一般有成60°、45°或30°这3种选择。从本质上看，货架倾斜式布局是横列式布局的变形，方便叉车作业，缩小了回转角度，在一定程度上弥补了横列式布局仓容利用率低的劣势
通道倾斜式布局	在仓库通道斜穿保管区划分出几个作业区域，达到最大化地利用仓库的目的，例如，设立大量储存区与少量储存区等。这种布局会导致货位和进出仓库通道更多，仓库形式更复杂

放置货品要注意两点：选择合适的货架以及合适的货位。一般货架的位置不易变动，相对固定，但是货架上的货品需要根据销量及时调整，提高出货效率。因此，货品摆放可以参考以下5条黄金法则。

- 在位于或者靠近仓库进出口的货架上摆放高销量商品或促销商品。
- 在仓库货架的黄金位置摆放高销量商品或者促销商品，黄金位置多位于货架高度的0.75～1.5米。
- 在货架的最上层或最下层摆放销量低的商品。这些位置的商品捡取需要拣货人员弯腰或借助工具，出货速度较慢，所以即便是黄金货架的相同位置也多摆放销量低的商品。

- 在靠近仓库出口的货架摆放销量和体积都比较大的商品便于运输。
- 卖家要根据自己的实际情况权衡商品之间的摆放位置,例如,黄金货架摆放长销商品还是促销商品等。

制度体系:电商仓储管理规范化

随着电子商务蓬勃发展,仓储管理规模扩大,电商仓储相应的管理标准也随之提高。电商仓储中应该关注的是如何更快更准确地缩短送货时间以及如何实现高效的仓储管理。这两大问题的解决需要建立更加智能化、规范化、标准化的管理制度与体系。

仓储作业信息化

电商供应链物流"多品类、高频次、多批次、小批量"的特点决定了采用全程信息化管理的方式效果最佳。一般电商企业都会安装WMS管理软件对整个仓储流程进行信息化指导和可视化监测。相关人员可以在系统的辅助下,提高作业流程的生产效率和工作效率,具体方法如表19-2所示。

表19-2 仓储作业信息化的方法

操作方法	具体内容
设计多重防错措施	制定包括数量比对、重量比对、视频监控、唯一标准条码识别在内的多重防错措施来降低错发、漏发率,规避常见的人工操作失误
采用预分配策略	为了实现人力与物力资源的最优化选择,可以根据以往的历史数据和当前的整仓任务提前制定工作计划。特别是在订单高峰期,预分配策略可以更好地应对突发状况
采用有效工时考核法	合理规范的绩效考核制度可以激发员工的工作积极性与主动性,提高工作效率。为了达到上述目标,仓储管理可以采取有效工时考核法,依照不同的工作性质和特点,将员工劳动量转化为有效工时,制定一份公平公正的绩效考核清单,在电子屏幕上实时展示出来。这种方法同样可以解决临时工、短期工考核难的问题

电商仓储标准化作业

(1)一人多岗,一岗多能

想要实现"一人多岗,一岗多能"的理想局面,需要仓库内部各个岗位采用标准化模式降低操作难度。这也需要仓储管理系统根据仓内作业情况实时调整、变动各个工作岗位，避免因为个别岗位任务重导致整体效率下降。在这方面，制定标准化作业方法，降低员工操作难度以及缩短培训时间是3种比较可行的方法。如果遇到订单高峰期，可以通过临时招募大量短期工保证及时收发货，同时削减人员开支。

（2）建立标准化信息技术服务管理体系

采用更先进的仓储管理系统，建立标准化信息技术服务管理体系，完善人员培训、团队建设、流程优化、硬件升级等相关服务，实现更优质、更高效、更成熟的智能仓库管理模式。

可视化监控确保货物信息安全

信息化仓储管理系统通过对货品存储、发货、运输等各个环节进行实时可视化监控，一方面使仓储人员可以远程查询订单情况，并及时更新、上传有关记录；另一方面通过设置系统权限，可以让用户随时了解订单动向。仓储管理系统会将整个物流过程拍摄并保存下来，确保各个环节都可以追溯，保证货品可以安全送达。

建立信息安全管理体系不仅仅是为了保证仓储管理系统的安全与规范，更是为了使整个供应链中极其重要的两个环节——电商管理系统与快递公司管理系统实现无缝对接。

在无纸化的工作环境下，仓储管理系统必须对订单信息、用户信息等重要信息严加保密，防止泄露。一旦信息泄露，会让整个供应链条蒙受巨大损失。因此，为提高安全性与警觉性，无论使用的管理系统的智能化程度多高，都需要操作人员多次把关和检测，使管理系统维持高效运作。

因此，降低员工流失率是需要仓库部门管理层高度重视的问题。员工流失率高，不仅意味着要额外支出一笔费用来招聘和培养新员工，而且新员工的工作效率与准确率也远远比不上熟练的操作人员。

流程管理：高效的仓储作业流程

为了达到提高作业流程与效率的目的，管理人员在处理复杂的仓储情况时，可以制定更合理的流程制度来提高整体工作的规范性，降低各个环节的失误率，从而提高整体的作业效率。具体而言，高效的仓储作业流程主要包括6个，如表19-3所示。

第 19 章 仓储管理：构建高效仓储运营体系

表19-3 仓储作业流程

作业流程	具体内容
进货管理	（1）通过PDA手持终端调取后台资料，实时对照实际库存资料打印相关对照表 （2）根据对照表判断补货或退货情况，然后借助终端调取后台数据库并提交订单，第一时间进行补货或处理退货申请，保证库存货品正常运转
收货管理	（1）供应商把所需货品送至仓库收货处后，合理安排卸货 （2）通过终端调取订单具体信息，与送来的货物进行一一核对，确保货品没有问题根据货品种类选择性地检查以下信息：货品条形码、货品编号、货品数量、货品规格、货品保质时间、生产地、货品定价、货品质量等 （3）在终端上确认之后，将收货信息上传到后台时，要记录下收货时间和收货人信息 （4）通过终端无线打印机打印收货清单并保管好 （5）如果货品质检不合格，可以拒收货品
货位管理	（1）通过条码解读器识别条形码信息，确定货品在货架上的位置 （2）实时了解仓库的存储情况，包括货位利用率、仓库剩余使用面积、货品数量等，以便随时补货、处理退货，或是调整货架布局 （3）根据仓库信息系统对货架、运输工具、固定设备等硬件进行实时监测与反馈，从而更精准地完成仓储管理工作，及时解决货品错误摆放、货品零散管理等问题，使整个作业流程更加合理有序 （4）根据信息系统显示的设备检修信息、货品或易耗品的损耗清单等，及时通知相关人员前来处理并做好登记
盘点管理	相比于传统的人力清点，电子终端具有盘点时间短、盘点人员少、投入成本小、盘点效率高、盘点信息准确等不可取代的优势，甚至可以在盘点信息的同时处理相关数据，从而有效地提高了决策效率
查询管理	（1）实时查询货品有关信息，包括货品信息、货品库存、价格调整、订单校验、货品出入库等 （2）在对查询到的有关信息进行一一核对后，将其反馈到后台系统等待处理结果
拣选管理	（1）建立信息管理系统。通过信息管理系统进行库存管理、设备控制、货品控制等，提高仓库管理及控制效率 （2）人力与机器智能的高度配合能够提出出错率更低的实时物流解决方案。利用电子终端、语音设备等信息媒介搭建的"无纸化"仓储环境，能够保证整个货品供应链稳定运转，提高作业效率、识别准确率、供应链的可追踪性以及可视化程度 （3）引入挑拣设备。一方面需要引入叉车、起升机、激光引车等工具解决挑拣人员行走较多的问题。另一方面，使用托盘或纸箱流利式货架压缩拣选面，大幅减少挑拣人员行走时间 （4）使用智能化区位管理输送系统，让订单在多个作业区之间自动传送，无须挑拣员来回移动，从而提高整体的作业效率 （5）使用缓存与排序技术。这种技术可以让挑拣设备按需将货品及时准确地传送到指定位置，供挑拣员处理，实现"货到人拣"的效果 （6）采用多订单同时拣选策略。利用智能输送分拣系统将多个买家的订单组合在一起，批量输送到挑拣员位置，提高系统吞吐量与挑拣效率 （7）制定货到人整箱码盘解决方案，这是为解决整箱拣选问题而提出的一套方案。智能挑选系统对进行排序和预拣的混箱进行码盘，使码盘工只需将纸箱摆放整齐即可，提高了整个作业过程的安全性与便捷性

（续表）

作业流程	具体内容
退货处理	（1）订单质检不合格就需要退货，通知厂家重新换货或联系其他厂家 （2）确认厂家收到退货通知后，及时查看后台仓储管理系统是否及时更新退货信息 （3）准备好要退的货品，将退货单上传到配送中心，等待配送中心的处理结果 （4）知晓结果后，登记退场回单记录，确认仓储管理系统的库存情况，然后安排货品运输工作，与相关部门进行交接

降本增效：仓储成本控制的措施

仓储开支耗资巨大，需要想尽一切办法节约开支，实行更有效的仓储成本控制手段。因此，仓储成本控制的主要目的就是要以最低的储存成本实现预期甚至超出预期的仓储数量。在这方面，仓储人员可以参考如图19-1所示的5点措施和经验。

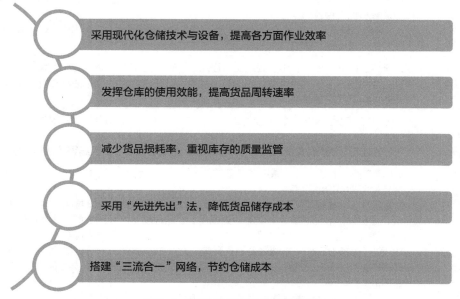

图19-1 仓储成本控制的5点措施与经验

采用现代化仓储技术与设备，提高各方面作业效率

采用现代化仓储技术与设备不仅可以减少人力成本支出，还能显著提升整个仓储流程的作业效率。运用包含计算机定位、监控以及存取等技术在内的仓储管理系统能够有效提高生产率，实时监测仓库动态并及时提交反馈报告。在分拣环节，采用智能分拣与传送设备提高货品挑拣效率。现代化货架、叉车及新型托盘的使用在货品进出、货品摆放环节也发挥了巨大作用。

发挥仓库的使用效能,提高货品周转速率

要保证仓储管理系统正常运行需要巨大的开支,因此需要加快货品的周转速率与仓容利用率,及时回拢资金,提高货仓的吞吐能力,最大化发挥仓库的使用效能。积压的货品数量越多、时间越长意味着资金周转速度越慢、货品消耗越大、仓库使用效率越低、新货入库越难,这些问题会导致仓储成本越来越高。因此,可以通过提升存储高度,缩短通道宽度,减少通道数量等方式增加仓储面积,仓容利用率越高意味着同等面积下的货品储存量越多,成本开支也就越小。

减少货品损耗率,重视库存的质量监管

无论货品在运输、分拣等各环节出现的非正常损耗问题,还是长期积压出现的货品质量问题都需要引起重视。首先,强化货品验收标准。质检不合格、手续不齐全的货品坚决拒绝入库。其次,仓库要科学分区,实行严格的监管措施,对那些有保质时间、对室内温湿度敏感的货品定期检查,必要时可以引进智能检测系统实时监管货品质量。最后,做好记录,及时核对。在信息系统检测后需要人工定期回查,确保仓储信息与实际情况相符合。

采用"先进先出"法,降低货品储存成本

"先进先出"法是指进库时间越早的货品发出时间也越早,把货品的库存时间压缩到最短,通过这种方式降低货品的储存成本。在具体实践过程中,仓储人员可以采用两种方式来达到货品"先进先出"的理想效果。第一种是安装WMS管理软件,按照货品入库时间自动安排出货顺序。第二种是使用贯通式货架系统,使仓储管理运作实现自动化、机械化。贯通式货架系统还能大幅提高仓储利用率(一般能够达到80%左右),广泛应用于食品、烟草、冷库等仓储成本较高的行业。

搭建"三流合一"网络,节约仓储成本

目前,电商仓储管理正向着智能化、信息化的方向不断发展,促使供应链各个环节有机整合,搭建了一个可以实现资金流、信息流以及物流一致流动的网络系统。对这些数据进行动态分析能够帮助仓储管理人员更好地进行决策,有效降低出错率,节约仓储成本。

第**20**章

物流配送：商家快递运营实操攻略

商家选择快递公司的实操攻略

快递公司直接影响着包裹配送效率，包裹配送效率直接影响着顾客的购物体验。为了提升顾客的购物体验，商家必须综合考虑各个因素，选择一家性价比高的快递公司。具体来看，商家选择快递公司要考虑7个因素，如表20-1所示。

表20-1 商家选择快递公司需要考虑的7个因素

选择因素	具体事项
快递价格	商家在选择快递时，首先应该考虑的就是价格因素，因为对于提供包邮服务的店铺来说，快递价格越高，所得利润就越少。所以，商家要综合分析自家店铺的运营成本与产品价格，在保证利润的前提下选择一家价格合适的快递公司。但也不能选择太便宜的快递公司，因为一般来说价格越便宜，快递速度就越慢
运输时效	运输时效与店铺的动态评分息息相关。商家在选择快递公司时要将时效与价格综合在一起进行考虑，可以通过分析价格相近的几家快递公司的实时物流信息，判断哪家快递公司才是自己的最佳选择
配送区域	商家的很多客户都来自农村或偏远地区，因此，商家必须选择能够将产品配送到这些区域的快递公司。尤其是将农村和偏远地区的朋友作为目标客户的商家，如果仅仅将产品配送至乡镇，很容易引起客户的不满，甚至会被打差评，所以就更要选择能够将快递送至农村的公司
包裹安全	为了尽量避免快递损坏或丢失等情况出现，商家要选择丢件率低、暴力分拣情况少的快递公司，以免客户因为快递运输问题对店铺产生不良印象
发展前景	有些快递公司虽然便宜，但是公司规模小，发展状况不稳定，倒闭的风险大。因此，出于长远考虑，为了避免因为快递公司出现意外影响到产品的运输安全，商家最好选择发展前景良好、业务模式成熟的大型快递公司
市场情况	商家在选择快递公司时应该参考社会上的一些信息，例如快递行业的市场情况和各个快递公司的大众口碑，避开丢件率高、暴力分拣员工多、速度很慢的快递公司
根据店铺宝贝的具体情况进行选择	商家要结合自家的产品类型选择快递公司。不同商家经营的产品类别有所不同，不同类型的产品对快递的配送要求也不同。例如，如果商家销售的是服装，可以选择价格比较便宜，但物流速度很慢的快递公司，因为快递时效不会对产品质量造成不良影响。如果商家以销售生鲜、水果等产品为主，必须选择一家物流速度很快的冷链运输公司，保证产品送达时仍然新鲜，不会变质

商家提升快递体验的实操攻略

每家网店都非常注重自己的信誉，而信誉的提高离不开客户的好评，因此，许多网店为了获得客户的好评都会付出很多努力，力求为客户提供更优质的服务，提高客户对本次购物的满意度。

但因为产品的快递业务由快递公司负责,所以当客户因为物流速度慢或者快递人员态度差给出差评时,商家往往会感到非常冤枉。再加上有的客户难以沟通,认为既然产生了交易行为,那么整个过程出现的所有问题都应该由商家承担,导致商家有苦难诉。很多网店都遭遇过这种情况,并感到头痛不已。为此,商家要掌握优化物流的方法,降低类似情况发生的概率,如表20-2所示。

表20-2 商家优化物流体验的方法

方法	具体操作
降低快递成本	许多网店都为客户提供包邮服务,因此快递成本在网店运营的总成本中占有一定比例。为了减少运营成本,网店需要降低快递成本,选择适合店铺的快递公司。此外,网店的办公地点最好选在距离物流园或快递集中地比较近的地方,这样也能减少快递方面的支出
选择多家快递公司	不同的快递公司有不同的优缺点,如果店铺销量比较大,业务很比较繁忙,可以选择多家快递公司进行合作,取长补短,既降低成本,又提高快递效率,防止客户因为快递问题产生不满
客户自选快递公司	客户自己选择快递公司,即便快递速度很慢,而不会怪罪店铺。需要注意的是,当客户选择的快递费用较高时,网店要设置邮费补拍让客户补足快递费。同时,网店要将发货时间安排明确告知客户,例如,每天下午4点之前下单的产品当天发货,下午4点之后下单的产品隔天发货等
做好售后服务	当客户因为物流问题给出差评之后,网店要安排客服做好售后服务,向客户表达歉意,认真解释物流事宜,处理好还未解决的物流问题,尽力获得客户的谅解,如有必要可以对客户做出一定的补偿。总言而之,网店要努力消除差评,降低差评率

商家降低快递成本的实操攻略

商家在运营店铺的过程中会产生很多成本。在众多运营成本中,快递成本是占比较大的一种。如果可以降低快递成本,商家就能获得更多利润。那么,商家应该怎样降低自己的快递成本呢?具体做法如图20-1所示。

图20-1 商家降低快递成本的方法

降低包装成本

许多商家将纸箱作为产品的外包装,如果商品属于易碎型商品,还需要商家为其准备一层内包装,避免商品在运输过程中受到损坏。此时,商家需要考虑选择哪种内包装能够使成本更低,例如海绵和泡沫相比,泡沫的成本更低。

回收材料再利用

商家在收到供应商寄来的大量商品的同时,也会一同收到许多包装箱,商家可以将这些包装材料收集起来进行二次利用。此外,为了降低包装成本,商家也可以回收快递公司的包装箱。

压低快递费

对于商家来说,降低快递成本最有效的方法就是和快递公司讲价。在此之前,商家必须对市场上的多家快递公司进行分析调查,选择那些收费低、信誉高、服务好的快递公司进行合作,这样既能减少成本,又能降低客户因快递问题对商家产生不满的可能性。为了使快递公司能够在价格上做出让步,商家在讲价时可以向快递公司表明自家店铺订单很多,并有意长期合作等。

发平邮节省邮费

商家想要让自家产品拥有更多价格优势,必须降低产品运费。如果商品比较重,在征得用户同意的前提下,商家可以选择价格比较实惠的平邮,也就是邮政普通包裹。这里需要注意的是,店铺发平邮必须与买家商量。

平邮按照寄送里程与货物重量综合计费,一般是首重5元/kg、续重3元/kg。平邮的成本主要是在包装箱上,它的纸箱分为12种规格,价格最低的也有2元。因此,商家可以将布袋作为外包装,或去网上购买这12个规格以内的包装箱,一般最低价在0.6元左右。

另外,平邮的邮单是绿色的,一般要7~15天才能送达。不过商家可以借助打折邮票来节省邮费。下面为大家介绍一下平邮的邮寄过程,以及几个降低成本的方法,如表20-3所示。

表20-3 平邮降低成本的五大策略

策略	具体内容
准备好纸箱	邮局的纸箱比较较贵，建议商家去网上或超市购买符合规格的纸箱或是在生活中收集一些既结实、又合规格的纸箱
准备好箱内填充物	商品放进纸箱后，如果纸箱内还有一些剩余空间，就需要借助填充物将纸箱塞实防止商品受到损坏。不要使用邮局的填充材料，以免增加快递成本
准备好打折邮票	打折邮票可以在很大程度上降低运费，但要注意有些地方不允许使用打折邮票，而且EMS不能使用邮票，快递与邮政普通包裹可以使用。另外，打折邮票的面额需要根据商品的重量进行选购
封箱胶带	建议使用透明的胶带，在发货前将客户信息写到包装箱上，检查无误后再进行封箱
包裹单	建议商家去网上购买一些包裹单，因为邮局的包裹单价格较贵

商家快递问题处理的实操攻略

攻略1：买家没收到商品

（1）可能商品还在快递公司，没有寄出去。

（2）快递需要中转，花费时间较长。

（3）快递已送达，但不是本人签收，可能放在了门卫处，门卫还未通知客户。

（4）情况最差的一种，由于快递公司的疏忽，商品可能在运输过程中丢失或损毁。

攻略2：快件丢失

商家一定要保存好发出商品的快递单，以免遇到丢件情况时没有发货证据。然后随时跟进物流情况，及早发现各种问题，一旦发现商品丢失立刻与快递公司联系，协商解决方案。假如店铺规模很大，能为快递公司带来较大利润，与快递公司签订过合作协议，那么协议中一般会注明丢件的处理方案，而且为了维持合作关系，快递公司会积极查找丢件原因。如果是中小店铺的商家，快递公司一般会按照3倍的标准赔偿运费。假如产品价值较大，商家在发快递时必须记得保价，这样才能在丢件时将损失降到最低。

攻略3：收发快递的注意事项

（1）发快递时必须联系快递公司取件，不能直接给相熟的取件员打电话。因为取件员的工作流动性较大，如果原先相熟的取件员已经更换公司，会增加不必要的麻烦。

（2）为了应对快递信息无法查询的状况，商家要记下取件员的姓名和电话。如果是新来的取件员，还要事先确认对方的身份。

（3）商家在发出商品时必须认真填写寄件单上的所有信息，尤其要将寄件日期核对好，这样既能帮助自己查询发货时间，也有助于估算商品到货时间。同时，如果将来与快递公司发生纠纷，寄件日期也是一条重要证据。

（4）为了提高查件效率，保留发货证据，也为了能够查到以前客户的快递信息，商家在发货后要妥善保管快递单，掌握快递时间，实时跟进物流信息，避免因快递问题导致客户迟迟收不到商品。

（5）收快递时必须检查快递的密封情况，查看是否有被事前拆开的痕迹。如果没有，要在快递人员在场的情况下拆开包裹检查货物。

攻略4：贵重物品快递经验

（1）选择信誉好、口碑佳、规模大、有安全保障、知名度较高的快递公司，不能选择市场上的代理公司。

（2）认真填写快递单的各项信息，同时为了不泄露具体的产品信息，不能直接在货物描述中填写商品名称，例如，寄平板电脑时不能在快递单上直接写平板电脑，最好写成设备。

（3）商家发快递时要自己准备好包装箱，或在对方提供的包装箱上做好记号。因为许多快递公司都会说只要外包装没有破损，他们就不承担赔偿责任，一般也不赔付保险。所以当他们发现包装箱损坏后，经常直接换个新包装。

（4）将商品放进包装箱后，如果发现箱中还有多余空间要用其他物品塞实，保证商品不会在包装箱内来回晃动，同时要用封箱带把包装箱密封好，既防水又不易丢失。

（5）在寄出贵重商品时，为了在丢件时能够得到相应的赔偿，商家必须保价，确认好保价费与保险公司。

（6）告诉客户在收到商品时必须当面验货，否则不要签字确认。因为如果签字之后发现商品有问题，快递公司就可能不会理赔。

第 **21** 章

客服运维：商家客服运营实战技巧

直播电商客服运维的实战流程

在直播电商团队中,客服需要与准备购买或已经购买商品的用户进行交流沟通,其业务能力与综合素质对促进下单购买与提高用户体验非常重要。客服强大的业务能力与综合素质是在日常工作中逐渐培养的,下面对客服人员一天的基本工作流程进行简单分析,为相关从业者提供借鉴。

(1)熟悉产品。客服人员要对直播电商涉及的产品有足够的了解,能够系统、专业地为顾客讲解产品的特性、材质、型号、功能、使用方法、注意事项等,打消观众的疑虑,给观众留下良好印象。

(2)接待客户。接待客户是客服工作能力的重要体现,接待客户时要注意使用礼貌用语,例如顾客咨询时,客服要先问好——"您好,我是客服××,很高兴为您服务,请问有什么可以效劳呢?"客户提问时,客服要及时给予答复,遇到需要查询的问题,可以告知顾客预计等待时间,或索要顾客联系方式,找到答案后及时告知顾客。

(3)了解库存。店铺中显示的库存可能与实际库存有所差异,客服人员必须及时了解这种差异,防止出现客户下单后却无法正常发货的情况。

(4)向顾客核对订单信息。大部分情况下,顾客下单时提供的订单信息是正确的,但有时顾客会因为一时大意提供了错误的地址、联系电话等,导致物流配送环节出现问题,虽然这种错误是顾客自己造成的,但也会影响其购物体验。如果客服能在顾客下单后及时向顾客确认订单信息,就可以大幅度降低这种问题发生的概率。与顾客核对订单时,可以告知顾客使用的快递公司。如果顾客对快递公司有意见,或者对物流时效性要求较高,可以与顾客协商更换。

(5)修改订单备注。有时因为顾客临时改变想法,可能会导致订单信息发生变化,例如更改产品型号、送货地址等。为了确保顾客诉求能够得到满足,客服人员有必要对这类订单做好备注,用醒目的符号(淘宝通常使用小红旗备注)提醒工作人员,并写明变动事由。

(6)发货通知。订单发货后,可以向顾客发送信息告知顾客订单已经发货,提醒顾客可以随时查看物流进度,并注意收货,这种小细节可以提高顾客对店铺的好感度。有的顾客下单后未付款,客服可以在适当的时间(如截单时间快到时)提醒顾客及时支付。

(7)引导客户评价。交易完成后,客服人员可以通过赠送代金券等方式引导顾客分享产品体验,在推动店铺口碑建设的同时,还能促进二次购买。

(8)处理中差评。发现顾客给出中差评时,客服人员要在第一时间联系顾客,询问顾客给出中差评的具体原因，大部分情况下，顾客是不会给商家中差评的。与顾客沟通时，客服要注意语气态度。如果是店铺方面的问题，客服要向顾客真诚道歉，并给出补救方案。如果是恶意中差评，客服要注意取证，并将证据提交给平台管理人员。

（9）学习各种工具。互联网会不定期出现一些提高客服工作效率的工具，客服人员在日常工作中可以根据实际需求学习使用这类工具，以便提高工作效率与质量。

商家客服销售话术的实战技巧

消费者在网上购物时，因为只能看到产品的图片或视频，没办法看到实物，所以会向客服询问产品的有关信息。面对这种情况，网店客服必须借助一些销售技巧促使客户做出购买决定。客服应该掌握的销售技巧如图21-1所示。

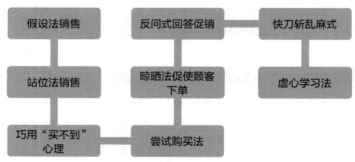

图21-1 客服应该掌握的八大销售技巧

假设法销售

在顾客纠结不定，但购买意向又比较强烈的时候，客服可以使用"两者选其一"的销售技巧。例如，我们可以向顾客说："请问您是想要这款黑色的羽绒服，还是想要红色的这款？"也可以说："请问您是想发韵达还是想发中通？"从表面看，这种提问方式只是在让顾客做选择，但事实上是在帮助顾客做决定，促使顾客尽快下单购买。

站位法销售

某些情况下，顾客虽然已经决定购买产品，但还是会不断地向客服询问产品款式、尺码、发货时间等方面的问题，迟迟不肯下单。面对这种情况，客服需要改变一下销售方式，热情、真诚地为顾客解答问题，不催促客户下单。当客户所有的问题被解决后，自然会主动下单。

巧用"买不到"心理

很多客户都会有一种"买不到"的心理，即"越难买到的东西我就越要买到"。客服要利用好这种心理，例如，在与顾客交流时可以说："您好，亲，这款包包已经是最后一个了，再不购买的话可能就没有了，而且近期店里也不会再补货这款包包了。"也可以说："您好，亲，这件衣服的优惠活动仅限今晚哦，明天就会恢复原价，再不下单就要失去这次机会了。"

尝试购买法

有时由于对产品质量存在顾虑，顾客虽然看中了某款产品，却迟迟无法做出购买决定。面对这种情况，客服可以对客户说："您可以先买一次试用一下，如果感觉还不错就再来下单。"如果产品质量确实过关，这种销售技巧可以为店铺积累大量客户，增加许多订单。客服可以用这种方法促使很多顾客做出购买决定，但前期的订单数量可能会少一些。

晾晒法促使顾客下单

还有一些顾客明明非常喜欢一款产品，但就是犹豫不决，不断地衡量利弊得失。对于这种顾客，客服可以使用晾晒法，即暂时先不回复，假装正忙着接待其他顾客，给顾客更多考虑时间，促使顾客最终做出购买决定。

反问式回答促销

客服有时可能会遇到这种情况，即客户询问的产品正好没有了。这时，客服就可以运用一种反问式的销售技巧来促使客户下单。例如，顾客打算购买你家的某款毛衣，所以问到："你们家这款灰色的毛衣还有吗？"客服不要直接说没有，可以巧妙反问："非常抱歉亲，这一款我们现在有黑色、红色和白色的，这几个颜色中，您喜欢哪一个呢？"

快刀斩乱麻式

如果上面几种销售方法都已经用过，客户还是没有做出购买决定的话，客服必须快刀斩乱麻，在确认客户确实有购买意向的前提下，用更直接的语言催促客户下单。例如："您好亲，如果您对这件宝贝还比较满意的话，就速速购买吧！"

虚心学习法

当客户已经决定不购买产品,无论客服使用什么方法都无法促使顾客下单时,虚心学习法就派上了用场。客服这时可以对顾客说:"您既然来到了我们家店铺,说明您对我们的产品很感兴趣,也许是我个人的问题,让您对产品质量产生了怀疑。所以,您可以说一下我哪里出现了问题?可以给我一个提升的机会吗?"这种低姿态的话语能够极大地满足顾客的虚荣心,让顾客瞬间对你产生亲近感。这样,客户可能会真诚地指出你的缺点,并对你的努力表示认可,甚至会被你的态度所感动,下单购买产品。

商家客服售前沟通的实战技巧

对于客服来说,售前沟通非常重要,下面介绍了几种与客户有效沟通的技巧。

(1)招呼的技巧

当客户询问"在吗"的时候,客服要在第一时间用热情积极的语气回答:"您好,亲,等您很久了,有什么可以为您服务的吗?"因为客户购买产品时经常货比三家,同时询问好几家店铺的客服,所以为了抢占先机,客服必须以最快的速度回复客户,为了及时处理,商家可以设置自动回复。

(2)回答的技巧

对于客户询问的产品,如果还有库存,客服要将产品的优点、功效、性能等详细地告知客户;如果没有库存,要讲究回答技巧,不能直白地告诉客户已经没有了,要将客户的注意力吸引到其他产品上。例如,客服可以回复说:"非常抱歉亲,现在有其他几个相似的款式,并且都是新款,我发个链接给您,您可以看一下。"

(3)推荐的技巧

客服在为顾客做推荐时,要根据顾客需求进行精准推荐,同时要表现出自己的专业性,让顾客感到自己的用心。例如,客服可以在推荐时说:"不好意思,久等了亲,这两款产品简约大气、个性时尚,非常适合年轻人使用,这是产品链接,您看一下。"

(4)议价的技巧

有些电商直播在开始时就将店铺优惠都告知给了顾客,并告诉顾客优惠力度已经非常大了,概不议价,一般情况下,顾客听到这些就不会再找客服议价了。如果主播一开始就给了顾客可以议价的感觉,面对顾客议价,客服可以稍稍让步,让顾客做出购买决定,但给的价格不能太低。

如果在做出价格让步后,顾客仍然不依不饶,就不要再次让价了,可以改变一下销售方式,例如送客户一个赠品,让客户感觉虽然没能再次让商家降价,但还是占到了便宜。

客服在议价时需要注意,回复速度一定要快,一次回复的字数不用太多,以免客户失去耐心。如果客户认为产品价格过高,客服可以承认产品价格确实高,但必须委婉地表达出一个意思:我们家的产品在功效、质量、价格、包装等各个方面都比同类产品好,是其他店铺比不上的,一定让您感觉物有所值。通过这种方式打消顾客的疑虑,让顾客放心购买。

(5)核实技巧

顾客下单付款后,为了避免出现纰漏,客服要在第一时间将订单上的客户信息发送给客户,让顾客确认信息是否正确,让顾客感受到客服认真负责的态度。

(6)道别的技巧

无论最后买卖成交与否,客服与顾客道别时都要客气、礼貌。买卖成交时,客服可以这样说:"非常感谢您对小店的支持,我们会尽快发货,祝您生活愉快,就不多占用您的时间了。"既简洁明了,又礼貌得体。

(7)跟进的技巧

当顾客已经下单但迟迟没有付款时,客服要实时跟进顾客的付款情况,最好根据订单中的顾客信息主动联系顾客。客服可以这样说:"您好亲,宝贝已经为您准备好了,付款后可以立即发货。"稍微给顾客施加一点压力,可以更快地完成交易。

联系顾客时最好不要打电话,以免引起顾客反感,最好通过短信联系客户。注意不要直接问客户还买不买,以免顾客直接回复"哦,我不买了",从而失去订单。

如果最后没有成交,客服在保持礼貌的同时,还要适度表现出惊讶与谅解的情绪,并说道:"欢迎您下次再来。"

商家客服售后沟通的实战技巧

客服在直播电商运营中占据着相当重要的位置,好的客服团队有助于增加产品成交量。而且,客服的售后表现也在很大程度上决定着顾客对主播的观感,只有让客服为顾客提供优质的售后服务,主播才能赢得用户喜爱,获得长期发展。客服想要为顾客提供更好的售后服务,除了必备的客服经验外,还要掌握一些售后沟通技巧,如图21-2所示。

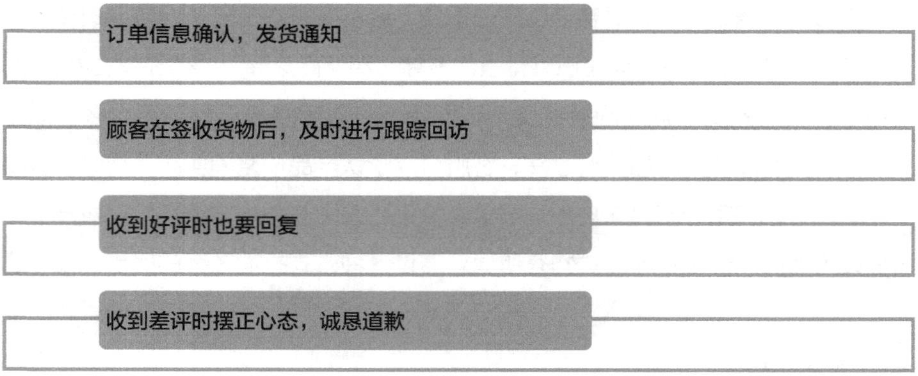

```
┌─────────────────────────────────────┐
│  订单信息确认，发货通知              │
└─────────────────────────────────────┘
┌─────────────────────────────────────┐
│  顾客在签收货物后，及时进行跟踪回访  │
└─────────────────────────────────────┘
┌─────────────────────────────────────┐
│  收到好评时也要回复                  │
└─────────────────────────────────────┘
┌─────────────────────────────────────┐
│  收到差评时摆正心态，诚恳道歉        │
└─────────────────────────────────────┘
```

图21-2 客服需要掌握的四大售后沟通技巧

订单信息确认，发货通知

一定要做好顾客订单信息确认工作，让顾客在下单后确认相关信息，降低未来发生纠纷的可能性。对于没有发货提示的物流，客服要将相关的物流信息通过短信或站内信发给顾客，让顾客放心，让顾客对客服、主播及店铺产生一个良好的印象。

顾客在签收货物后，及时进行跟踪回访

店铺想要提高自己的好评率，必须在客户签收货物后及时做好跟踪回访。

店铺在确认顾客已经收货的情况下，可以就顾客对产品的满意度做一个电话或短信回访。如果顾客对此次购物很满意，客服要对顾客表示衷心的感谢，并且欢迎顾客再次前来选购产品，同时备注好顾客的偏好等相关信息，为下次接待顾客做好准备；如果顾客对产品感到不满意，客服首先要认真道歉，做出相关解释，如果产品需要退换就安排退换。这样不仅能发现与改进店铺的不足之处，还能改善服务模式，提高客服服务水平。

收到好评时也要回复

店铺要重视顾客的晒图好评，不能感觉客户已经给出了好评，没必要再关注了。其实，回复顾客好评能够提升顾客好感，从而有可能成为店铺的回头客。因此在收到好评后，客服要向顾客表达感谢，感谢顾客购买产品，感谢顾客对店铺的支持。

但在顾客的好评中有这样一种情况，那就是顾客明明给了好评，却在好评中说产品

质量一般，购物体验并不是很好，只是习惯性好评而已。面对这种情况，客服应该在不泄露顾客信息的前提下诚恳道歉、认真解释，然后私信顾客，再次致歉，感动客户，赢得谅解。

收到差评时摆正心态，诚恳道歉

首先，万一收到差评，客服一定不要通过电话或者短信去骚扰客户，更不能对客户进行人身攻击，必须主动承担责任，否则会让客户对店铺的印象更差，导致客源流失。

其次，客服要表现出足够的歉意，耐心询问顾客为什么给出差评，因为产品质量太差？物流太慢？还是因为实物与图片描述不符等问题。

最后，再次诚恳道歉，并就差评原因向客户做出解释，安排产品退换，并感谢顾客对店铺的支持。

其实，只要客服能够做到真诚道歉、耐心询问、详细解释、衷心感谢，让客户被周到服务与诚恳态度所打动，就可以获得客户的宽容与谅解。

直播电商想要长期发展，必须抓住客服这个关键点，高度重视客服的售后服务。

资源与支持

本书由"数艺设"出品,"数艺设"社区平台(www.shuyishe.com)为您提供后续服务。

■ 配套资源

提供超详细精华版电子书,方便读者学以致用。

■ 资源获取请扫码

"数艺设"社区平台,为艺术设计从业者提供专业的教育产品。

■ 与我们联系

我们的联系邮箱是 szys@ptpress.com.cn。如果您对本书有任何疑问或建议,请您发邮件给我们,并请在邮件标题中注明本书书名及ISBN,以便我们更高效地做出反馈。

如果您有兴趣出版图书、录制教学课程,或者参与技术审校等工作,可以发邮件给我们;有意出版图书的作者也可以到"数艺设"社区平台在线投稿(直接访问 www.shuyishe.com 即可)。如果学校、培训机构或企业想批量购买本书或"数艺设"出版的其他图书,也可以发邮件联系我们。

如果您在网上发现针对"数艺设"出品图书的各种形式的盗版行为,包括对图书全部或部分内容的非授权传播,请您将怀疑有侵权行为的链接通过邮件发给我们。您的这一举动是对作者权益的保护,也是我们持续为您提供有价值的内容的动力之源。

■ 关于"数艺设"

人民邮电出版社有限公司旗下品牌"数艺设",专注于专业艺术设计类图书出版,为艺术设计从业者提供专业的图书、U书、课程等教育产品。出版领域涉及平面、三维、影视、摄影与后期等数字艺术门类,字体设计、品牌设计、色彩设计等设计理论与应用门类,UI设计、电商设计、新媒体设计、游戏设计、交互设计、原型设计等互联网设计门类,环艺设计手绘、插画设计手绘、工业设计手绘等设计手绘门类。更多服务请访问"数艺设"社区平台www.shuyishe.com。我们将提供及时、准确、专业的学习服务。